11 MARS 1856

CATALOGUE D'ESTAMPES ANCIENNES

Principalement des maîtres Français du XVe au XVIIIe siècle, décrites à l'ouvrage du Peintre Graveur Français par M. **Robert-Dumesnil.**

Un Œuvre très remarquable de **JACQUES CALLOT**, et ceux de **CLAUDE le Lorrain, De la HYRE, MAUPERCHÉ, BOURGUIGNON, COYPEL, DEMARCENAY, DEMARNE**, etc.

Une suite de Portraits Français, par **THOMAS de Leu.**

Quelques Maîtres Hollandais dont : les Œuvres de BEGA, SUANEWELT, WATERLOO, etc.

Plusieurs Recueils et Livres à figures curieux et rares, sur les Beaux-Arts et l'Histoire, dont : l'ouvrage très rare, de Tortorel et Perissin, sur les troubles advenus en France, de 1559 à 1570

Provenant de la Collection de M. R. D. Robert Dumesnil

DONT LA VENTE AURA LIEU AUX ENCHÈRES PUBLIQUES

HOTEL DES VENTES, RUE DROUOT N. 5,
Salle n° 3.

Le Mardi, 11 Mars 1856, et les deux jours suivants,
heure de midi.

Par le ministère de Me **VAUTIER**, Commissaire-Priseur,
rue de Provence, 78,

Assisté de M. **DEFER**, Expert, quai Voltaire, 21,

Chez lesquels se distribue le présent Catalogue.

EXPOSITION PUBLIQUE

Le Lundi, 10 Mars 1856, de midi à cinq heures.

PARIS
MAULDE & RENOU
IMPRIMEURS DE LA COMPAGNIE DES COMMISSAIRES-PRISEURS,
Rue de Rivoli, 144.

1856

14

1856-1864

provenant de la vente de m. Robert Dumesnil et

Note des Estampes fournies au Cabinet — f. | c.

1856 11 mars — Bibliothèque du Roi — Prix Bernard

1863 11 mai

1864 [illegible]

~~[illegible]~~

			f.	c.
135	4 pièces	[illegible]	23	
140	1 pièce	[illegible] rare	10	
141	1 pièce	[illegible]	[illegible]	50
1[illegible]	1	[illegible] d°	37	50
14[illegible]	1	[illegible] d°	80	
156 ete	6	[illegible] d°	14[illegible]	50
158	1	[illegible] rare	13	
159	1	[illegible]	38	50
160	1	[illegible]	[illegible]	[illegible]
[illegible]	1	[illegible] rare [illegible]	19	
16[illegible]	1	d°	10	
16[illegible]	2	d°	10	
[illegible]	[illegible]	[illegible]	13	
22[illegible]	3	[illegible]	26	80
228	2	[illegible] rare d°	44	50
230	3		26	80
231	3		26	80
232	4		57	70
233	3		26	80
234	7		60	15
235	3		6	75
289	3 pièces	Sujets de l'histoire Sainte superbes ep. rare et non [illegible]	38	80
236	3 pièces	d° d°	26	80
467	41 pièces	[illegible]	38	80
448	8 pièces	par Van hoy rare	26	80
449	4	d°	23	
451	10	par [illegible]bourg	13	
452	10	d°	25	50
			973	70

		Report	93	70
403	7 pièces [illegible]		26	50
506	3 [illegible] Miel		21	80
[illegible]	1 [illegible] Othmar [illegible]		25	50
608	11 [illegible]		38	80
646	14 [illegible]		38	80
[illegible]	3 [illegible]		19	
[illegible]	1 [illegible]		38	80
[illegible]	[illegible] Fuzgell		21	50
[illegible]	1 [illegible]		6	60
748	4 [illegible]		20	20
653	[illegible]		101	
686	[illegible]		166	
669	1 pièce [illegible]		19	
[illegible]	[illegible]		95	50
364	[illegible]		51	50
365	1 [illegible]		21	80
366	1 [illegible]		26	50
[illegible]	1 [illegible]		20	80
869	11 [illegible]		13	
880	2 [illegible]		26	50
816	5 [illegible]		6	30
864	[illegible]		28	
869	[illegible]		5	50
			1816	20
	Transport de [illegible]		18	
	Droits de [illegible]		11	80
	Commission à 10 %		181	40
			2030	40
	Autre achat [illegible]			
223	30 pièces [illegible]	18		
411	5 [illegible]	18	64	
612	3 [illegible]	12		
634	1 pièce [illegible]	9	6.40	
540	[illegible]		70	40
			2100	80

CATALOGUE
D'ESTAMPES ANCIENNES

Principalement des maîtres Français du XVe au XVIIIe siècle, décrites à l'ouvrage du Peintre Graveur Français par M. Robert-Dumesnil.

Un Œuvre très remarquable de **JACQUES CALLOT**, et ceux de **CLAUDE le Lorrain, De la HYRE, MAUPERCHÉ, BOURGUIGNON, COYPEL, DEMARCENAY, DEMARNE,** etc.

Une suite de Portraits Français, par **THOMAS de Leu.**

Quelques Maîtres Hollandais dont : les Œuvres de BEGA, SUANEWELT, WATERLOO, etc.

Plusieurs Recueils et Livres à figures curieux et rares, sur les Beaux-Arts et l'Histoire, dont : l'ouvrage très rare, de Tortorel et Perissin, sur les troubles advenus en France, de 1559 à 1570.

Provenant de la Collection de M. R. D.

DONT LA VENTE AURA LIEU AUX ENCHÈRES PUBLIQUES

HOTEL DES VENTES, RUE DROUOT N. 5,
Salle n° 3.

Le Mardi, 11 Mars 1856, et les deux jours suivants,
heure de midi.

Par le ministère de Me VAUTIER, Commissaire-Priseur,
rue de Provence, 78,
Assisté de M. DEFER, Expert, quai Voltaire, 21,
Chez lesquels se distribue le présent Catalogue.

EXPOSITION PUBLIQUE
Le Lundi, 10 Mars 1856, de midi à cinq heures.

PARIS
MAULDE & RENOU
IMPRIMEURS DE LA COMPAGNIE DES COMMISSAIRES-PRISEURS,
Rue de Rivoli, 144.

1856

14^c

CONDITIONS DE LA VENTE.

Elle sera faite au comptant.

Les acquéreurs payeront cinq pour cent en sus des adjudications.

ORDRE DES VACATIONS :

Le Mardi, 11 Mars.
PREMIÈRE VACATION, nº 1 à 120.

Le Mercredi, 12 Mars.
DEUXIÈME VACATION, nº 121 à 240.

Le Jeudi, 13 Mars.
TROISIÈME VACATION, nº 241 à 360.

L'œuvre de CALLOT sera vendu dans la troisième vacation, à quatre heures.

DÉSIGNATION

DES ESTAMPES

École Française.

PEINTRES ET GRAVEURS.

1. **Allix** (~~Jean~~ Jacques). 4e *vol.* P. G. F.. (*). La Vierge et l'Enfant Jésus (1), d'après Champagne. La Vierge lisant, d'après Champagne. Christ en croix, d'après Le Brun. Ces deux pièces non décrites. — 4 — »
2. Saint Charles Borromée (4), Alexandre VII (3); deux portraits rares. — 5 - 50
3. **Allegrain** (Etienne). 8e *vol.* P. G. F.. Paysage (1). Paysage avec temple et obélisque. Il est non décrit. — 1 — »
4. **Androuet Ducerceau**. La naissance d'Adonis, composition d'un grand nombre de figures pièce rare. — 25 — »

(*) Peintre-graveur français, par M. Robert Dumesnil, 8 parus.

35 — 50

5. **Barbabin** (F.). 3 *vol.*. P. G. F.. Suite de paysages (1 à 4). Au premier on lit : *F. Barbabin in et fecit* 1710.

6. **Barras** (Sébastien). 4 *vol.*.. P. G. F.. Antoine Pagi (4). Sainte Catherine (9), premier état avant la lettre. Marine (32). Trois pièces en manière noire.

7. **Bassinet Daugard** (P. D.). 8 *vol.*. P. G. F.. Chevalier et officier de l'Arc de la Compagnie de M. le marquis d'Orsan. Seule pièce du maître. Rare.

8. **Bechon de Rochebrune** (L. ou J.). 3 *vol.*. P. G. F.. Paysage (1). Autre paysage (2), deux épreuves, une avant le nom.

9. **Bernard** (Samuel). 6 *vol.*. P. G. F.. Ph. comte de Béthune (3). Beau portrait.

10. La vision d'Attila, d'après Raphaël (4). La fuite en Egypte (5), 1er état. L'ensevelissement (7). Astianax découvert par Ulysse (8). 1er état. Table des ornements de l'écu d'armes (9). Cinq pièces.

11. **Bersy** ou **de Bercy** (P. G. de). 3 *vol.*. P. G. F.. L'éventail (6).

12. **Biard le fils** (Pierre). *vol.* 6. P. G. F.. Le triomphe de Silène (6). Pièce allégorique sur la statuaire (8). Dessin d'une fontaine (9). Saint Pierre (11). Trois pièces d'après un dessin de Jules Romain au Musée du Louvre (19, 20 et 21). Jonas (22), d'après Michel-Ange. Huit pièces.

 76 —

13. **Blanchard** (Jacques). 8 *vol.*. P. G. F.. La Vierge et l'Enfant Jésus, seule pièce du maître. Sainte-Famille d'après lui. — 15-50

14. **Blanchet** (Thomas). 6 *vol.*. P. G. F.. Les armes de la ville de Lyon. 1er état non décrit avant le nom de *Th. Blanchet*. La seule pièce du maître. — 11 —

15. La même estampe avec le nom. — 1 —

16. **Bonnecroy** (Jean). 3 *vol.*. P. G. F.. Paysages (2, 4, 5, 6 et 8). — 13 —

17. **Bosse** (Abraham). Michel Larcher, 1647. Raphaël Dufresne. Ces deux portraits, rares. — 14 —

18. **Boulogne le père** (Louis de). 1 *vol.*. P. G. F.. Son portrait d'après Mathieu, par Louis Surrugue, en 1733. — 2 —

19. La Vierge au mur (2). La Vierge à l'oiseau (4). Le Martyre de saint Pierre (6). Le miracle de saint Paul à Ephèse (7). Le martyre de saint Paul (8). Flagellation de saint André, d'après Paul Véronèse (9), 1er état. Six pièces. — 7 —

20. Vénus et l'Amour, d'après Le Titien (10). L'enlèvement d'Hélène (11), 1er état. Aréthuse (12). Charité romaine (13). — 8.50

21. Livre à dessiner, 26 pièces, y compris le titre dont il y a trois épreuves de 3 éditions différentes. — 10-50

22. Saint Pierre en buste, les deux mains appuyées sur un livre. Pièce non décrite. — 1-50

23 **Boulogne le fils** (Louis de). 3 *vol.*. P. G. F.. Sainte-Famille, belle pièce. Saint Paul guéris- — 5 —

165 —

sant un possédé au pied de la statue de Jupiter, belle composition qui nous paraît être de Louis Boulogne le père. Elle est non décrite.

24. **Boulogne** (Bon de). 2 *vol*.. P. G. F.. Son portrait peint par lui-même et gravé par Tardieu, en 1756. Beau portrait. Autre portrait de l'ouvrage de Dargenville. Deux pièces.

25. Saint Jean dans le désert (1). Saint Bruno (2). Deux pièces.

26. **Bouys** (André). 4 *vol*.. P. G. F.. Boileau, poëte (3). Marin Marais, musicien (10). Deux pièces en manière noire.

27. **Boyer d'Aguilles**. *vol*. 4. P. G. F.. Portrait de la maîtresse d'Alexandre Véronèse (13). Saint Jean-Baptiste, d'après Carrache (14). La Magdeleine (18), d'après Romanel. Trois pièces, belles épreuves avant les numéros.

28. **Brebiette** (Pierre). Le portrait de Brebiette et celui de Fr. Quesnel, peintre. Deux pièces.

29. Sainte-Famille. Sainte Anne faisant lire la Vierge. La Vierge embrassant l'Enfant Jésus. Christ mort sur les genoux de la Vierge. La Vierge au pied de la Croix. La Vierge au coussin vert, d'après Solario. Christ mort pleuré par les saintes femmes. Douze pièces. Quatre sont doubles, avec l'adresse de Quesnel et Leblond.

30. Les Evangélistes et les Pères de l'Eglise. Huit pièces.

Les Vertus, épreuve sur papier bleu, et les Evangélistes. Huit pièces.

 196

31. Suite de vingt-deux frises, jeux d'enfants, etc., dix-sept sont très belles épreuves avec l'adresse d'Aug. Quesnel, les autres avec l'adresse de Mariette. — 11-50

32. Grammaire, arithmétique, le peintre, la musique, Silène, sacrifice, bacchanales, etc. 18. Pièces en forme de frise, publiées par Ciartres. — 9 — "

33. L'assemblée des dieux, d'après Palme, en deux feuilles. La Nativité, d'après Palme. Deux diverses compositions de la descente de croix. La Vierge et deux saints, d'après Paul Véronèse. Sainte-Famille au palmier, d'après Paul Véronèse. Moïse sauvé des eaux. Sainte-Famille, d'après André del Sarte. Sainte-Famille, d'après Raphaël, etc. Seize pièces. — 11-50

34. Le pauvre badin, la bonne aventure et 12 proverbes sur une feuille. — 8.50

35. Six grandes frises, bacchanales, dieux marins, Bacchus, etc. — 10 — "

36. Les vertus, quatre pièces; saints et saintes; trois sont doubles avec différence. En tout, vingt-sept pièces. — 14 — "

37. L'automne, l'été et l'hiver. Dieux de la fable. Diane et ses nymphes. Amphitrite. Jugement de Paris. Niobé. Les Lapithes. Diogène. Nymphes sur les eaux. Bon temps, etc., etc.. Trente-cinq pièces belles épreuves, la plupart avec l'adresse de Quesnel. *Cet article sera divisé.* — 9 — " / 14 — "

Callot (Jacques). Son œuvre. Voyez à la fin du Catalogue, page 49 et suivante.

283-50

283.50

3 — 38. **Chéron** (Louis). 3 *vol.*, P. G. F., Figures décorant l'Essai des Psaumes et Cantiques mis en vers par Mlle Chéron (sœur de notre artiste); *Paris*, Michel Brunet, 1694, in-8, suite de 23 estampes (1 à 23), 1er état, plus un double du cantique de Zacharie avant la lettre, état non décrit.

1.50 39. Les mêmes, 2me état. (Il manque trois pièces.)

2.50 40. Cantique d'Habacuc (24). Cyrus fait creuser un nouveau lit à l'Euphrate (25). Cette planche et la précédente accompagnées de quatorze feuilles de texte, opuscules par Le Hay. Très rare.

4 — 41. — Anania et Saphire punis de mort (26). Trois des travaux d'Hercule (29 à 31). Un quatrième sujet non décrit, Hercule tuant le sanglier, et deux autres des travaux d'Hercule, de l'invention et gravés par Van der Gucht. Plus, deux pièces gravées par N. Tardieu, d'après Louis Chéron.

2.25 42. **Chéron** (Elisabeth-Sophie). 5 *vol.*, P. G. F., Portrait de l'artiste (1), 2e état. Rare.

1.75 43. — Le même, 3e état, la copie par Chereau. Elie enlevé au ciel. Trois pièces.

4 — 44. — Elie enlevé au ciel (2), 1er état avant la lettre. Christ mort (3). Sainte Cécile (4). — Mars et Vénus (6). Bacchus et Ariane (7). La Nuit (8). Six pièces.

4.50 45. Diverses figures hiéroglyphiques, d'après Raphaël au Vatican (10 à 22).

3.25 46. Livre à dessiner (24 à 59). Manque les numéros 7, 8, 12, 18, 21.

310.25

47. **Chaperon** (Nicolas). *6 vol.*. P. G. F.. Bacchanales (55, 56, 57 et 58). Quatre pièces belles épreuves, 1er état avant les adresses de Mariette.

48. **Chartier** (Jean). *5 vol.*. P. G. F.. Jean Chartier dans sa librairie (2). Belle et rare.

49. Les trois parques. Au bas une tablette et quatre vers : *Dentibus.... erit Jo. Chartier excudebat orelia, 1557.* Rarissime.

Belle pièce non décrite dans le P. G. F.; mais citée dans l'ouvrage de M. Renouvier, de Montpellier.

50. — Une femme carde de la filasse, un homme tient un livre, et une femme debout tient de chaque main un serpent. Pièce non décrite. Rare.

51. **Cochin** (d'après Nicolas). Estampes allégoriques des événements les plus connus de l'histoire de France. Treize vignettes in-4. Huit vignettes franç. d'après Eisen, par Bernard Picart, etc.

52. **Colandon** (D.). *1 vol.*. P. G. F.. La nourrice (1). Les deux femmes et l'enfant (2). Deux pièces.

53. **Corneille** (Jean-Baptiste). *6 vol.*. P. G. F.. Histoire de Betsabé (1 à 4). Sainte Suzanne (5). Saint Bernard (6). Jésus apparaît à sainte Thérèse (9), 1er état avant la lettre. Mercure (12). Marche d'armée (15). Combat de quatre cavaliers (16). L'enfant prodigue (87), épreuve avant la lettre. Onze pièces.

54. **Corneille** (Michel-Ange), *6 vol.*. P. G. F.. Sujets pris d'après les idées de Raphaël, suite de quatre estampes (1 à 4), épreuves avant le nom de Raphaël et l'adresse de Rubeis.

55. — **Sacrifice d'Abraham** (5). **Dalila** (6). **Rare.** **Conception de la Vierge** (8). **Sainte-Famille** (13). **L'adoration du petit saint Jean** (14). **Fuite en Egypte** (15). **Saint André** (20). **Saint François d'Assises** (23). **Notre-Dame des Anges** (24). **Le roi Phinée délivré des Harpies** (25). **La déification d'Enée** (26), 2e état. Onze pièces.

56. — **Serment de fidélité des Madécasses au roi de France** (29). Dessins du cabinet Jabach, Nos 55, 59, 68, 69, 70, 77, 78, 79, 87, d'après les Carraches, et 99 d'après P. de Cortonne. Onze pièces.

57. — **Courtois** dit **le Bourguignon** (Jacques). *1 vol.*. P. G. F.. Charge de cavalerie, dessin au bistre.

58. — Scènes militaires (1 à 8). Combat de cavalerie (9 à 12). Guerres de Belgique (13 à 16).
Ces 16 pièces forment l'œuvre entier de ce maître.

59. **Courtois** (Guillaume) *1 vol.*. P. G. F.. L'ensevelissement (1). Présentation au Temple (2). Lazare (3). La Vierge et l'Enfant Jésus, pièce douteuse.

60. **Courtois** (Jean-Baptiste). *1 vol.*. Le peintre dans son atelier. Seule pièce du maître.

61. **Cotelle le fils** (Jean). *5 vol.*. P. G. F.. Vénus et ses nymphes cueillent des fleurs (6). Fête en l'honneur de Vénus (8).

62. **Coypel** (Antoine). *2 vol.*. P. G. F. Melchisédec offrant le pain et le vin à Abraham (1), 1er état avant la lettre. Judith (2), 1er état avant la

lettre. La Vierge et l'Enfant Jésus (3), avec grande marge. Le baptême de Notre-Seigneur (4). Ecce Homo (5). Jésus dans le linceul (6). Six pièces.

63. — Judith (2). Apollon déclare son amour à Daphné (7), épreuve en rouge. Le triomphe de Galathée (8). Pan vaincu par les amours (10), 1er état. Allégorie à la gloire de Monseigneur le Dauphin (11). Démocrite (12), 1er état avant la lettre. Six pièces.

64. — Démocrite (12). Deux épreuves du 2e et 3e état.

65. — La Voisin, célèbre empoisonneuse (13), 1er état non décrit avant les mots : *Le portrait de La Voisin*. Très rare.

66. — La Voisin (13), 2e état avec le nom. Rare.

67. **Coypel** (Noël). 2 *vol.*, P. G. F.. Son portrait tiré de l'ouvrage de Dargenville. La Vierge et l'Enfant Jésus (1), 1er état avant la lettre. Belle épreuve d'une jolie pièce, plus la contre-épreuve du même état.

68. — Sainte-Famille (2), belle épreuve du 1er état, avec grande marge.

69. **Coypel** (Charles). 2 *vol.*, P. G. F.. Son portrait peint par lui-même et gravé par N. Tardieu. Epreuve avant la lettre.

70. — L'Amour ramoneur (1), 1er état. L'Amour précepteur (2). Vénus arrêtant l'Amour (3). Trois pièces.

71. — L'abbé de Maroulle (22). N. Aymon (23). Deux portraits.

72. — Tête regardant à gauche (24), 1er état. Tête regardant à droite (25), 1er état. Figures académiques (26 et 27). Tombeaux (28, 29). Attila (30). L'amour ramoneur (1). Huit pièces.

73. — Charles Dufresnoy, d'après Ch. Coypel, 1724. Persée délivrant Andromède, d'après Ch. Coypel, par Surrugue.

74. **Coypel** (Noël-Nicolas). 2 *vol.* P. G. F. Sainte Thérèse, seule pièce du maître. 1er état. Rare.

75. — Satyre découvrant une Nymphe endormie. 1er état d'eau-forte pure. Pièce non décrite. Elle est rare.

76. — La même. 2e état, terminé par A. Tronchon. Elle est avec la lettre, *qu'il est doux d'admirer l'éclat de sa beauté*... Deux épreuves : première, l'Adresse de Duchange; deuxième, l'Adresse d'Odieuvre.

77. — Galatée, peinte et gravée par N.-N. Coypel, terminée par Tronchon. Une Nymphe endormie, près d'elle un Amour; un Satyre, sortant de derrière une colonne, paraît la convoiter. Ces deux pièces non décrites. Elles sont sans marque.

78. — Trois Amours et un Chien. Pièce à l'eau-forte, attribuée à ce maître.

79. — Sujet de Télémaque, gravé par Scotin. L'Été, l'Hiver, Allégorie à la mort du Dauphin, gravé par Chereau. Pièce allégorique, épr. avant la lettre. Ces quatre pièces d'après N.-N. Coypel.

 647 50

80. **Daret** (Jean). *1 vol.* P. G. F. Les vertus (1 à 9). — L'Amour, titre : *Poésie galante*; Satyre blessé d'une flèche par Diane. Ces deux pièces, dans le goût de Daret, lui sont attribuées ; elles ne sont pas décrites. Onze pièces. — 17 50

81. Mesgriny, par Frosne. Camille Lilly, historiographe, par Pitau, en 1663. Ces deux portraits d'après J. Daret. — 2 75

82. **Debois** (Martial). *1 vol.* P. G. F. Le corps mort du Sauveur (2). Portrait de Justiniani, doge de Venise (13). Louis Sagredo, patriarche de Venise (14). Jean Demarest, surintendant des finances. Maurocenis, Vénitien, en 1684. Justiniani, doge de Venise. Ces trois derniers portraits non décrits. ~~Six~~ 7 pièces. — 10 50

84. **Demarne** (Jean-Louis). *Son œuvre, en 1 vol. in-fol.*, représentant des scènes villageoises : la Bergerie, l'Abreuvoir, des Vues de prairies, de lieux champêtres, et des Paysages avec Figures et Animaux ; un Naufrage, etc. — 121 —

Suite de 43 estampes gravées à l'eau-forte par Demarne, d'une manière spirituelle et sur ces compositions. Très belles épreuves, la plupart doubles et triples avec différences, et plus ou moins travaillées, eau-forte pure, etc. Ces différences portent l'œuvre à 90 pièces en très bel état de conservation. On y a ajouté trois croquis lavés par Demarne, qui avait réuni cet œuvre.

85. **Demarcenay**. Son œuvre, en 123 pièces belles et bien conservées. 160 —

Portrait dans une niche, au bas une urne ; il est non terminé. Stanislas, roi de Pologne, deux épreuves avant et avec la lettre. — Tintoret, deux épreuves, une avant la lettre et avant les noms, une avec la lettre. — Henri, comte de Berghe, trois épreuves eau-forte pure, avant et avec la lettre. — Charles Ier, d'après

959 25

Van Dyck, épreuve avant la lettre. — Un portrait d'après Van Dyck, quatre épreuves eau-forte pure, avant la lettre, et deux avec la lettre avec différences, l'adresse de Wille et le n° 19. — Le ciel se couvre, bâtons-nous, d'après Van Uden, deux épreuves, une d'eau-forte pure, la seconde avec la lettre tracée et le n° 10 et l'adresse de l'auteur. — La Bohémienne, d'après Téniers. — Paysage rond, au premier plan un bateau avec un homme. — Tobie recouvrant la vue, d'après Rembrandt, deux épreuves, une d'eau-forte pure, la seconde avant la lettre, les noms à la pointe. — L'homme à la plume blanche, d'après Rembrandt, trois épreuves d'eau-forte pure, avant la lettre, avec la lettre tracée et le n° 12. — La dame à la plume, d'après Rembrandt, trois épreuves d'eau-forte pure, avec la lettre, le petit paysage supprimé, les angles blancs, avec le titre : Dame à la perle, les angles teintés et l'adresse de Wille.—Vieillard avec toque, épreuve avant la lettre et le petit paysage. — Portrait de Rembrandt, deux épreuves eau-forte pure et avec la lettre. — Tête de vieillard à barbe blanche, 1769, trois épreuves eau-forte pure et deux épreuves avant la lettre, avant et avec les barbes nettoyées. — Petit portrait, d'après Rembrandt, 1755. — Commencement d'orage, d'après Rembrandt, deux épreuves, une d'eau-forte pure, avec les noms à la pointe, l'autre avec la lettre. — La Fleuriste, d'après G. Dow, deux épreuves avant la lettre, avec les armes et avec la lettre. — Testament d'Eudamidas, d'après N Poussin, trois épreuves, une d'eau-forte pure, une avant la lettre, une avec la lettre. — L'Amour fixé, quatre épreuves eau-forte pure avant la lettre et avec la lettre. — Bataille, d'après Parrocel le père, quatre épreuves, deux d'eau-forte pure et avant et avec la lettre. — Les Cartes, d'après Chardin, épreuve avant la lettre. — Marine, d'après J. Vernet, deux épreuves, une d'eau-forte pure et une avec la lettre. — Coucher du soleil, trois épreuves, eau-forte, avant et avec la lettre. — J.-J. Rousseau, petit portrait, avant et avec la lettre. — Régulus, avant et avec la lettre. — Portrait de femme le sein découvert, deux épreuves avant la lettre avec différence. — Charles VI et Charles VII, épreuves avant toutes lettres.— Henri IV, deux épreuves, une avant toutes lettres. — Le prince Eugène, deux épreuves, une avant toutes lettres. — Bayard, eau-forte et avant toutes lettres. — Turenne, deux épreuves avant toutes lettres et avec la lettre. — Villars, avant toutes lettres. — Le maréchal de Saxe, d'après Liotard, trois épreuves eau-forte, avant et avec la lettre. — Sully, d'après Porbus, trois épreuves eau-forte et avant et avec la lettre.

— De Thou, trois épreuves eau-forte et avant et avec la lettre.— L'Hôpital, deux épreuves avant et avec la lettre. — Jeanne d'Arc, deux épreuves avant la lettre, avec différence. — Charles, duc de Brunswick, deux épreuves avant toutes lettres et avec la lettre. — Paoli, épreuve avant et avec la lettre. — Mirabeau, une eau-forte et une avec la lettre. — Princesse de Pologne, portrait sur une pyramide, quatre épreuves, la première eau-forte pure, la planche plus grande avec des essais de paysage ; la deuxième la planche terminée ; la troisième la planche réduite ; la quatrième avec la lettre. — Voyer d'Argenson, d'après Nattier, deux épreuves avant et avec la lettre. — Stanislas, roi de Pologne, deux épreuves, eau-forte pure avec essais de paysage, la deuxième la planche réduite, mais avant la lettre. — Portrait de ***, d'après Devosge, deux épreuves avant la lettre, une avant le nom de *Devosge, anno 1775*. — Le Sage, eau-forte et épreuve avec la lettre. — L'Etonnement et l'Effroi, deux épreuves de chaque, une est avant la lettre. — Deux petits paysages, épreuve d'eau-forte pure, et les deux mêmes terminés avant la lettre sur une même feuille. — La Chute du jour, avec la lettre. — Petit paysage avec deux pêcheurs, sans lettre. — Quatre petits paysages de diverses grandeurs sur une même feuille. — Petit paysage où se voit à droite une femme et des chèvres, deux épreuves, une d'eau-forte, une terminée avec le nom. — Frise où se voit une tête de bélier. 959-25

86. **Deshayes** (Jean). *5 vol.* P. G. F. Descente de Croix (2). Sainte Catherine (4). 2

87. **Dupuis** (Pierre-François). *5 vol.* P. G. F. Portrait de Pierre Dupuy, peintre de fleurs, père de notre artiste. Pièce en manière noire, la seule du maître. Elle est rare. 6

88. **Dubois** (B.). *1 vol.* P. G. F. La Barque à la voile (1). La Bergère debout (2). L'Ouragan (3). La Bergère assise (4). Alexandre et Diogène (5). Une Marine ; à droite un Temple, au delà un Vaisseau, en avant des Matelots occupés à charger des caissons. Pendant du n° 1. Pièce non 16

983-25

décrite. Portrait de Ch. de Condren, par Habert, d'après Dubois. Six pièces.

88 bis — Portrait du grand Condé, dans un ovale entouré de deux Renommées; au bas ses armes et B. Dubois, *inv. et fecit*. Pièce très rare non décrite.

89. **Dudot** (René). *1 vol.* P. G. F. La Sainte Famille. Belle et rare avec le nom, et une épreuve le nom enlevé.

90. **Dumonstier** (Geoffroy). *5 vol.* P. G. F. La Vierge et l'Enfant Jésus (11). Une Sainte (16). Deux pièces très rares. Deux articles.

91. **Duperac** (Etienne). *8 vol.* P. G. F. Vues de Rome, nos 41, 42, 43, 44, 52. Paysages avec sujets mythologiques, 60, 61, 63. 1er état. 72, 73, 75, 76, 77. Un Tournois (84). Quatorze pièces.

92. — Le Jugement de Pâris, d'après Raphaël (79). Belle pièce du maître.

93. **Duval** (Marc). *5 vol.* P. G. F. Le Printemps (8). L'Automne (10). Rares.

94. **Duvet** (Jean). *5 vol.* P. G. F. Dieu remet la clé de l'abîme à l'Ange (47). Belle épreuve avec marge. Rare.

95. **Dyck** (Daniel Vanden). *5 vol.* P. G. F. Susanne (1). Vierge et Enfant Jésus (2). Sainte Catherine (3). Déification d'Enée (4).

96. — Suzanne au bain, et Suzanne devant ses juges; deux estampes en largeur. Saint Sébastien à mi-corps, un ange lui apporte la palme du martyre. Trois pièces non décrites. Rares.

 1175-75

97. E. (*Le maître au monogramme*). 6 vol. P. G. F. L'Espérance (11). Rare. — 10-50

98. **Enfantin** (A.). Six études dessinées d'après nature et gravées à l'eau-forte, dédiées à M. Robert-Dumesnil. *Paris*, 1830, in-fol. Dans un carton. On y a joint le catalogue de la vente d'Enfantin, en 1828, par Duchesne. — 5-50

99. **Estorges** (I. ou J.). *5 vol.* P. G. F. Jésus en prière au jardin des Oliviers. Seule pièce du maître. — 2-..

100. **Fatoure** (P.) et **G. Giovane** dit **Gabriel le Jeune.** *6 vol.* P. G. F. Le Calvaire (1). La Descente du Saint-Esprit, d'après Dubreuil (4). Deux pièces rares. — 13.50

101. **Focus** (George). *1 vol.* P. G. F. — Vues d'Italie (nº 2 à 7). Les nºˢ 2 et 6 sont avant les numéros. — 8-..

101 bis. — Deux vues d'Italie (nᵒˢ 3 et 7). Epreuves d'eau-forte pure. Rare. L'Enfant Jésus et le petit saint Jean lui rendant hommage. Deux pièces non décrites. Elles sont marquées G. F. — 13-..

102. **Freminet** (Martin). *8 vol.* P. G. F. La Vierge et l'Enfant Jésus. La seule pièce du maître. Saint Sébastien, d'après ce maître. — 11-50

103. **Gasnière** *fecit.* Les Joueurs de Dés, d'après Valentin. — 2.50

104. **Gellée** dit **Claude le Lorrain** (Claude). *1 vol.* P. G. F. Portrait de Claude, gravé par Ward et dessiné par Jackson, d'après un portrait en la possession du comte de Mulgrave. Une eau-forte, d'après le même portrait, par Saint, peintre en miniature. — 2.25

1191-[illegible]

105. — La Fuite en Egypte (1). 1er état. Vierge de marge.

106. — L'Apparition (2). 1er état, vierge de marge.

107. — Passage du Gué (3). 1er état, vierge de marge.

108. — L'Abreuvoir (4). 1er état, avant la planche nettoyée. Rare.

109. — La Tempête (5). 4e état, vierge de marge.

110. — La Danse au bord de l'eau (6). 3e état, vierge de marge, plus la copie.

111. — Le Naufrage (7). 2e état, vierge de marge.

112. — Le Bouvier (8). Belle épreuve du 3e état, vierge de marge. On a imprimé au haut de la marge un essai du n° 39.

113. — Le Dessinateur (9). 2e état, vierge de marge.

114. — La Danse sous les arbres (10). 4e état, vierge de marge.

115. — Le Port de mer au fanal (11). 3e état, vierge de marge.

116. — Scène de brigands (12). 4e état, vierge de marge.

117. — Le Port de mer à la grosse Tour (13). 2e état, belle et grande marge.

118. — Le Pont de bois (14). Belle du 2e état, vierge de marge.

119. — Le Soleil couchant (19). Belle du 4e état, vierge de marge, et la copie.

120. — Départ pour les champs (16). Belle du 2e état, vierge de marge.

121. — Mercure et Argus (17). Belle épreuve, vierge de marge.

122. — Le chevrier (19). 2e état, vierge de marge.

123. — Le Temps et les Saisons. 1er état, belle et vierge de marge.

124. — Berger et Bergère conversant (21). 4e état, vierge de marge.

125. — L'enlèvement d'Europe (22). 2e état, belle et vierge de marge.

126. — Le Campo Vaccino (23). 5e état, belle et vierge de marge.

127. — La Danse villageoise (24). 2e état, belle.

128. — Le Pâtre et la Bergère (25). 1er état, vierge de marge.

129. — Les Trois Chèvres (26). 1er état, vierge de marge.

130. — Les Quatre Chèvres (27). 2e état, belle et vierge de marge.

131. — Les deux paysages (40). Vierge de marge.

132. — Etude de femme assise (41), et l'Arabesque (42).

133. **Gissey** (Henri). *4 vol.* P. G. F. Notre-Dame de Passay. Christ en Croix. Pompe funèbre de Madame Henriette-Anne d'Angleterre, en 1660. Cette pièce, gravée d'après lui, par Le Pautre. Trois pièces non décrites.

134. **Heince** (Zacharie). *5 vol.* P. G. F. Bacchanale d'enfants, d'après Le Primatice (2). Un Portrait de Savinian de Cirano de Bergerac, d'après ce maître. Deux pièces.

135. **Lafage** (Raymond). *2 vol.* P. G. F. La Vierge au berceau (1). La Vierge au linge (2). La Peste des Philistins (3). 1er et 3e état. Le Paysage (5). Le Cartouche (6). Bacchanale (7). Triomphe de Bacchus (8). Le Concert sur les eaux (9). Diane et Endymion (10). Fêtes à Bacchus (11). Les Nymphes et les Satyres (12). Frises, dont : Junon parlant à Eole (13). Jupiter et Sémélé (14). 1er et 2e état, et la copie. L'Amour dansant avec deux Enfants (15). Deux états. Le Satyre maître de Trompette (17). Deux épreuves. Les Petits pêcheurs effrayés (16). 1er et 2e état. L'Embrassade (18). 1er et 2e état. La Danse en rond (19). 1er et 3e état. Débarquement d'Esculape (21). Vénus à sa toilette, et Mars et Vénus, deux pièces non décrites. Vingt-sept pièces.

136. **La Fleur** (Nicolas-Guillaume de). *4 vol.* P. G. F. Portrait de l'artiste et quatre Fleurs. Trois sont avant le n°. Quatre pièces.

137. **La Hyre** (Henri de). *1 vol.* P. G. F. *Son œuvre* : Un dessin au crayon, saint François guérissant les malades.

138. — Sacrifice de Gédéon (1). Circoncision (2). Repos en Egypte, et la copie (3). Sainte Famille (4). 1er et 2e état. La Vierge et l'Enfant Jésus servis par des Anges (5). 1er et 2e état. Dans le 2e état la jambe de la Vierge est posée différemment. La sainte Famille à la Palme (1). La Vierge au Coussin (7). Deux épreuves, une avant la lettre. État non décrit. La Vierge aux Anges (8). 1er et 2e état. Hommage du petit saint Jean (9).

1er état et contre-épreuve. Christ en croix (10). Christ descendu de la croix (11). Le Corps de Jésus dans le Sépulcre (12). La Vierge de Douleur (13). Saint Pierre (14). Deux épreuves, une avant la lettre. Saint Paul (15). Deux épreuves, une avant la lettre. Etat rare, non décrit, des nos 14 et 15. Conversion de saint Paul (16). Les trois états décrits. Vingt-huit pièces. *Cet article sera divisé.*

139. L'Amour (17). Le Satyre et les deux Enfants (18). 1er et 2e état. Les trois Enfants (19). Les quatre Enfants (20). Narcisse (21). Diane (22). Apollon et Coronis (23). Apollon et Clytie (24). Apollon et Clytie (25). Apollon écorchant Marsias (26). Onze pièces.

140. Paysages (28 à 33). Un petit Paysage non décrit et six autres Paysages avec ruines, dans le goût de ce maître. Treize pièces.

141. La Vierge tenant l'Enfant Jésus debout sur une pierre. Jolie pièce non décrite, elle est de forme ovale. Jésus embrassant saint Jean. Un Paysage où se voit une statue antique au bas d'un sarcophage. Trois pièces non décrites. Rares.

142. Adoration des Bergers. Méléagre et Atalante. David, avant la lettre. Rébecca. La Trinité. Les trois Grâces. Ces six pièces par Chauveau. Titre de livre du caractère des passions, par M. Lasne. La Religion, par Mathieu Oesterreich. Sainte Famille, par Cherpignon. Neuf pièces, d'après de La Hyre.

143. **Le Brun** (Charles). *1 vol.* P. G. F. L'Enfant Jésus (1). Le Petit saint Jean (2). L'Aurore (5). 1er et 2e état. Le Midi (6). 1er et 3e état, non décrit, avec l'adresse de Poisson. Le soir (7). 1er et 2e état. La nuit (8). 1er et 3e état. Copies de cette suite, il manque le Midi. Quatorze pièces. *Cet article pourra être divisé.*

144. **Leclerc** (Jean). *5 vol.* P. G. F. Repos en Egypte (1). 1er état. Mort de la Vierge (2). 3e état.

145. **Le Febure** (Claude). *2 vol.* P. G. F. Portrait de Boudan, imprimeur (2).

145 bis. Patin (3). 1er état avec marge.

146. **Le Juge** (G.). *4 vol.* P. G. F. La sainte Famille (1). Les Images des Dieux païens (3 à 15). La dernière communion de saint Jérôme (16), d'après Carrache.

147. Testament de Jeanne. 16 lignes de titre. Pièce non décrite d'une suite de proverbes, publiée par Lagniet.

148. Présentation au Temple, no 4. Démoniaque délivré, no 12. Ces deux pièces, non décrites, font partie d'une suite numérotée.

149. **Lemaire** (Pierre) dit **Lemaire Poussin.** *6 vol.* P. G. F. Histoire de Pâris. Suite de 14 pièces. (Manquent les nos 1, 4, 8 et 10). David dansant devant l'Arche (15).

150. **Lemercier** (Antoine). *2 vol.* P. G. F. Portes et fenêtres (nos 21, 22, 23). Pièces d'architecture nouvellement inventées, par Collot (nos 14,

15, 17, 18, 19, 20). Pièce à dédoubler offrant deux panneaux. Un Tabernacle où se voient onze figures d'Ange et de Chérubins. Ces deux pièces non décrites. Onze pièces.

151. **Le Pôtre** *fec.* Personnage grotesque, d'après Villequin. On lit : *Passant qui regarde ma burlesque figure...* C. P. R. Henri Chesneau. Rudiger, par Jacques Le Pôtre. Trois pièces.

152. **Leroux** ou **Le Roux** (Louis). *8 vol.* P. G. F. L'eau (1). L'eau (5). Amphitrite (14). Le Bain de Diane (20). Proserpine (21). 1er, 2e et 3e état. Le Triomphe de Galatée (22). Repos de Diane (23). Diane à sa toilette (24). Bacchus et Ariane (25). Louis (10). Sainte Cécile, d'après Leroux, par Gantrel. Treize pièces. Deux lots.

153. — La Foire de Besons, près Paris (26). Visite de l'ambassadeur de Perse aux Gobelins, le 18 août 1715. Deux pièces rares.

154. **Le Sueur** (Eustache). *1 vol.* P. G. F. Sainte Famille. La seule pièce de ce maître. Très rare. Manque de conservation.

155. **L'Homme** (Jacques). *8 vol.* P. G. F. La Dame jouant du luth. Seule pièce du maître.

156. **Loir** (Nicolas). *2 vol.* P. G. F. Suite de Vierges (1 à 12). 1er état, avant les numéros, plus une contre-épreuve du n° 7 et un double du n° 1, épreuve avant la lettre, état non décrit. Quatorze pièces.

157. — La Vierge et l'Enfant Jésus (14). 2 épreuves. 1er et 2e état. L'Enfant Jésus (15). 2e état.

1637 — » 158. — Cléobis et Biton (16). Très belle pièce. 1er état, à l'eau-forte pure, et la planche plus grande. Rare.

1 — 25 { 159. — La même du 2e état. Belle.

160. — La même du 3e état et l'Aurore (17). Figures allégoriques sur des nuages. }

2 25 — 161. — Suite de six estampes (18 à 23). Manque le no 20. 5 pièces.

6 — » 162. — Vénus et Adonis (33). Didon (34). Alphée et Aréthuse (35), 1re composition. Adonis partant pour la chasse (36). La mort d'Adonis (37). Le Jugement de Pâris (38). Alphée et Aréthuse (39). Diane et Endymion (40). L'Enlèvement d'Europe (41). Bacchus et Ariane (42). Apollon (43). Onze estampes, plus, Junon, pièce non décrite.

4 50 — 163. — Trio d'Amours sur des nuages (24 à 29). 1er état, à l'exception de deux du 2e état.

12 — » 164. — Paysage (45). 1er et 2e état. Autre paysage non décrit, pendant du précédent. Composition dans le goût de Guaspre Poussin. On remarque au milieu deux figures assises, et à gauche deux autres courant. Pièce sans marque. Tête de jeune garçon (44). Pièce rare. En tout quatre pièces.

22 — » 165. — Plafonds à la moderne (96 à 107). Suite de 12 pièces. 1er état, à l'exception de deux. Eventails. (108 et 113). 14 pièces.

33 — » 166. — Ornements, trophées et panneaux (46 à 57). Manquent trois numéros 5, 7, 8. Autres ornements (58, 60, 65, 67.) ornements (70 à 95).

1718 — »

167. **Mare Richart** (F. I. de la). *1 vol.*, P. G. F.. Têtes de fantaisie dans le goût de Livens. Suite de seize pièces (3 à 18). Manque le titre.

168. — Saint Jérôme. Epreuve avec l'adresse de Lagniet. Belle pièce citée par Basan.

169. — Jacques de Matignon, évêque de Condom, lorsqu'il était abbé. *F. I. de la Mare Richart fecit ad Vivum.* 1662. Pièce non décrite.

170. — Ant. de la Marre, seigneur de Chenevarin. 1645. Au haut du portrait ses deux femmes et les armoiries. Pièce non décrite.

171. **Marie de Médicis.** 5 *vol.*, P. G. F.. La reine Marie de Médicis à l'âge de neuf ans. On lit au bas du portrait : *Maria Medici F. MDLXXXII.* Ce portrait, gravé sur bois par cette reine, est d'une grande rareté.

172. **Massé** (Charles). *6 vol.*, P. G. F.. Morceaux gravés d'après les dessins du cabinet Jaback, nos 29, 55, 56, 57, 81, d'après les Carraches. 112, 113, 114, 115, 116 avant la lettre, 117 idem, 118, 119 avant la lettre et contre-épreuve, 121 avant la lettre, 122 et 123. 2e état. Dix-sept pièces.

173. **Massé** (Jean-Baptiste). *6 vol.*, P. G. F.. Portrait d'Antoine Coypel (1), peint par lui-même. Minerve montrant le portrait de Louis XIV, d'après Ant. Coypel (3).

174. **Mauperché** (Henri). *1 vol.*, P. G. F.. L'Ange luttant contre Jacob (1). 1er état. Dans l'état postérieur, un saint Jean et Notre Seigneur remplacent les deux figures de Tobie et l'ange. Cet

état n'est pas décrit. Histoire de Tobie (2 à 7). 1er état. Deux pièces détachées de la même histoire (8 et 9). Parabole de l'Enfant prodigue (10 à 15). La Vie de la Vierge (16 à 21). 1er état. Repos en Egypte (22). Saint Jean-Baptiste (23). Saint Jean prêchant (24), 1er état et 2e état. Le Miracle (26). Le Supplice de Marsias (27), 1er et 2e état. Paysages (28 à 33). Autre série de Paysages (34 à 39). Paysages d'après Both (50). No 2 des pièces douteuses. Les disciples d'Emaüs dans un paysage. Pièce non décrite. Paysage par Goyrand, d'après Mauperché. En tout cinquante-quatre pièces. *Cet article pourra être divisé.*

175. **Mellan** (Claude). Louis Balzac, Magdeleine Corvina, Jean de Longueil, Gabriel Naudé et Joseph Tullier, médecin. Cinq pièces.

176. **Meslin** (Charles). *2 vol.*, P. G. F.. Ex-voto. La seule pièce du maître. 1er état, avant la lettre. Non décrit.

177. **Mignard** (Nicolas). *1 vol.* P. G. F. Son portrait d'après lui, par Vermeulen, en 1690. Le même de l'ouvrage de d'Argenville.

178. — Ganimède (2). Les peintures du cabinet Farnèse (3 à 8). Manque le no 4. Le Triomphe de Bacchus (9). 1er état. Six pièces.

179. — Le Triomphe de Bacchus (9). Epreuve avant le nom. Etat non décrit. Très rare.

180. — Ascension de Jésus-Christ, d'après Champagne. Elle est attribuée à Mignard et n'est pas décrite. Belle pièce rare.

181. **Mignard** (Pierre). *1 vol.*, P. G. F.. Sainte Scholastique. La seule pièce du maître.

182. **Millet** (Théodore, d'après Francisque). *1 vol.*. P. G. F.. Paysages de forme ronde. Six pièces 1 à 6). 1er état. Paysages. Suite de dix pièces en largeur (7 à 16)). 1er état. Autre suite de paysages (17 à 22). 1er état. Deux grands paysages en largeur (23, 24). 1er état. Quatre paysages en hauteur (25 à 28). 1er état. Vingt-huit pièces formant l'œuvre de ce maître, plus un dessin paysage. *Cet article pourra être divisé.*

183. **Monogramme** J.-G.. *7 vol.* P. G. F. L'Amour (14).

184. **Nanteuil** (Robert). *4 vol.*. P. G. F.. Le Sauveur en pied (3). 1650. Cette planche est placée sur un texte à deux colonnes avec une vignette en bois. Épreuve très rare. Le P. G. F. ne parle pas de ce texte.

185. — Les quatre Évangélistes (7). 3e état.

186. — Anne d'Autriche, d'après Mignard (22). 2e état. Rare.

187. — Marie d'Orléans, duchesse de Nemours (200). Belle épreuve.

188. — Voiture, d'après Champagne (234).

189. **Natoire** (Charles). *3 vol.*. P. G. F.. Adoration des Rois (1). Sainte Famille (2). Christ en croix (3). Contre-épreuve du 1er et du 2e état. L'Été (5). Épreuve d'eau-forte pure. L'Automne (6). Deux épreuves, une d'eau-forte pure. L'Hiver (7). Deux académies (8 et 9). Du no 8, deux

1958 — "

épreuves, l'une avec le n° 9 et l'autre avec le n° 33. Toilette de Vénus, d'après Natoire, par Desplaces. Douze pièces. Deux lots.

5 — "

190. **Nocret** (Jean). 2 *vol.*. P. G. F.. Son portrait d'après lui, par S. Silvestre. Hommage du petit Saint Jean. Seule pièce du maître. Rare.

39 "

190bis. **Olivier Dofin** ou **Dauphin**. 8 *vol.* P. G. F.. La Vendange. Baptême du roi Midas. Triomphe d'Ariane. Allégorie; un vaisseau dont ceux qui le montent sont changés en dauphins. Un homme assis à gauche sur un rocher tient une grande ligne. Une femme changée en chauve-souris. Deux femmes, l'une assise, l'autre debout, dans le haut le char de Vénus. Ces sept pièces dans des ovales sont gravées d'après les peintures de Boulanger au salon du duc de Modène. Elles sont non décrites et rares.

4 50

191. — Christ mort (2). Les Eléments (4, 6 et 7). Une copie. Saint Joseph et Jésus d'après Dofin, par Tourneysen. Sept pièces.

15 50

192. **Oudry** (Jean-Baptiste). 2 *vol.*. P. G. F.. Son portrait gravé d'après Largillière, en 1729, par J. Tardieu. Sujets de chasse gravés à l'eau-forte, nos 2 et 4. épreuve du 2e état, avant les numéros, plus les contre-épreuves. 7 p.

25 "

193. — Double du n° 2. 1er état. Le chien d'arrêt, n° 5. Deux pièces.

4 —

194. — Le Roman comique de Scarron. nos 55, 58, 59, 60, 61, 63, 64. Sept pièces.

2051 — "

 2051-75

195. **Pader** (Hilaire). 1652. *8 vol.*. P. G. F. Quatre Philosophes en buste. Un à gauche a un bonnet fourré. Morceau non décrit. Pièce à l'eau-forte. Rare. — 14 —

196. **Parrocel** (Joseph). *3 vol.*. P. G. F.. Vignettes décorant le missel de Paris (1 à 15). Le n° 3 double, 1er et 2e état. Les mystères de la vie de Jésus (16 à 40). Suite de 25 pièces. Manquent les numéros 14, 15, 18, 21 et 22. 32 p. — 2. 50

197. — Les miracles de la vie de Jésus (41 à 80). Suite de quarante pièces numérotées. — 6. 50

198. — Double des miracles nos 2, 4, 6, 11 et 20. De la Vie de Jésus nos 2, 4, 5, 6, 9, 10, 12, 14, 16, 18, 20, 21, 23, 27, 30, 37. En tout vingt et une pièces en 1er état, plus Jésus sur la montagne, n° 81. Jésus tenté et une Fuite en Egypte. Morceaux détachés, non décrits. — 4 75

199. — 7 ~~Six~~ dessins dont ceux des numéros 3 et 8 de la Vie de Jésus, et quatre autres qui n'ont pas été gravées. — 4 —

200. — Les Heures du Jour (82 à 85). Le bivouac (86). Sujets de guerre (87 à 90). Trois cavaliers, pièce sans marque non décrite attribuée à ce maître, et portrait de J. Parrocel, d'après Rigaud, par Schmidt. Onze pièces. — 4 25

201. **Perrier** (Guillaume). *5 vol.*. P. G. F.. Sainte Famille (1). Mort de la Magdeleine (2). Lazare Meysonnier (3), deux épreuves, une avant la bouteille et la flamme sur le parquet. Etat non décrit. — 4. 25

2091-25

202. **Perrier** (François). *6 vol.*. P. G. F. Sainte Famille (1 et 3). Christ en croix (6). Saint Roch (10). Saint Jérôme (18). Saint André (19). Statues en camaïeu d'après l'antique (35 à 40). Manque le n° 40. Onze pièces.

203. — Le Plafond de la Farnésine (31 et 34). Deux pièces capitales du maître.

— Portrait de Simon Vouet. Belle pièce.

204. **Picou** (Robert). *6 vol.*. P. G. F. Jésus livré à ses ennemis, d'après le Bassan (7). 2ᵉ état. Belle pièce.

205. **Picquot** (Henri). *6 vol.*. P. G. F.. La Vierge au Temple (1). Sainte Famille (2).

206. **Portraits** *par divers graveurs français.* Moreau écrivain, Louis Prevost par Poilly. Charles 1ᵉʳ, par Chauveau. Le Père Mathieu par Cherpignon. Winslou, médecin, par Garand, *aqua forte.* Daniel Senertus, par Roussel. Alexandre VII. Léopold 1ᵉʳ. Pierre Miotte, *Burgun's sculp.* Janson, médecin. Simon Dissy, par Couvay. Meurisse, chirurgien, publié par Desrochers. François-Hyacinthe de PLÆNC, par Cars. 1709. Elisabeth Farnèse, publié par Crespy. Stella, Rivalz, J. Forest, Ph. Meusnier. Ces quatre portraits de l'ouvrage de Dargenville. Frédéric II, par Langlois. Dix-neuf portraits.

207. — Gabriel Dupréau à l'âge de 68 ans. 1585. Trichet. On lit dans la marge : *Ton cabinet, ton portrait et ton livre en despit de la mort te pourrait faire vivre.* Deux pièces rares. Graveurs anonymes.

208. **Poussin** (Nicolas). *6 vol.*. P. G. F.. Jeu d'enfants. Morceau anonyme attribué au Poussin. 1er état, avant l'adresse de Mariette. Rare.

209. **Prévost** (Jacques). *8 vol.* P. G. F. Vénus (1). Cybèle (2). Deux pièces rares. Deux lots.

210. **Rabasse** (Jean). *7 vol.* P. G. F.. Judith (1). La Sainte Famille (2). 1er état. Le Repos en Égypte (3).

211. **Rabel** (Jean). *8 vol.*. P. G. F.. Marguerite de Valois, reine de Navarre. *Rabel excu.* (68).

212. — François 1er, roi de France. *Rabel excudit* (52).

213. — Henri III, roy de France. On lit : *Qui voudra à voir Amour, Mars et Phœbus ensemble* (54). Très rare.

214. — Jeanne d'Albret, reine de Navarre, mère de Henri IV (60). Joli portrait copié sur celui de Marc Duval.

215. — Le même personnage plus petit dans un ovale. *Rabel excudit.*

216. — Flaminien de Birague (40). On lit : *Pythagoræ fuerat.* Rare.

217. — Philippe de Strozzi (75). Très belle épreuve.

218. **Robert de Seri** (Paul-Ponce-Antoine). *1 vol.*. P. G. F. Loth et ses filles (1). Jupiter et Antiope (2). Femme vue en buste (3). Les joueurs de cartes (5). Vierge à la chaise, d'après Raphaël (6). Sacrifice d'Élie (10). Saint Prisque baptisé par saint Pierre (11). Épreuve avant le lavis. Assomption de la Vierge, d'après Passari (12). Nativité (13). Autre nativité (14). Deux

2306-25 épreuves de chacune de ces pièces, dont une plus chargée de manière noire. Un sujet de Loth et ses filles faisant le pendant du n° 1. Morceau non décrit. Il est rare. Douze pièces.

15 219. — Portrait de Joseph Villerme, sculpteur. Pièce non décrite. Elle est rare. Deux épreuves, une avant la lettre.

7 220. **Rivalz** (Antoine). *1 vol.*, P. G. F.. Allégorie à la mémoire du Poussin (5). Suite de quatre vignettes ornant le traité sur la peinture de Pierre du Puy, imprimé à Toulouse, en 1699 (1 à 4). Très belles épreuves.

3 221. — Saint Symphorien martyr. *A. Rivalz Tolozan inv. et inc. Romæ.* Belle pièce non décrite.

4 222. — Apollon et les Muses, et un sujet de Vénus. Deux pièces cintrées, d'après Lafage. Elles sont inédites.

22 223. **Rousseau** (Jacques). *4 vol.*, P. G. F. Les deux bergères conversant (1). Les deux hommes (2). La Femme au bord de l'eau (3). Jeune homme et jeune fille (4). La Ville antique (5). Saint Jean dans le désert (6). Diane et ses nymphes (7). 1er et 2e état. Ce dernier recouvert de manière noire. La rivière dans la forêt (8). Neuf pièces.

19 224. **Sablon** (Pierre). *6 vol.*, P. G. F.. Son portrait (1). Rare.

11 225. — **Saint Igny** (Jean de). *8 vol.*, P. G. F.. Le Joueur de musette (42). Concerts (45, 46).

5 226. **Sarrabat** (Isaac). *3 vol.* P. G. F. La Vierge et l'Enfant-Jésus (2), le Bénédicité, d'après Le

2392-25

 2392 - 25

Brun (5), la Cuisinière hollandaise (11) d'après G. Dow, capucin confessant un prisonnier (6), capucin confessant une prisonnière (7), ces deux pièces d'après van Haeften ; le Médecin de village, d'après Hermskeek. Six pièces en manière noire.

227. Choiseul Praslin (17), 1er état, avec la tête et le titre de Louis Dauphin. Flamenville, évêque de Perpignan (21). Gantrel, graveur (22). Pierre de La Roche (24), d'après Tournière. Rabelais (27). Cinq portraits à la manière noire. 12 - "

228. Pan et Syrinx, d'après Gillot (14). Héraclite, d'après Corneille, pièce non décrite. Deux pièces. — 3 - 75

229. **Scalberge** (Pierre). *3 vol.* P. G. F. Adam et Ève (1). Le Sacrifice d'Abraham (2) Le Christ au tombeau (7). Le corps mort de Jésus (8). L'ensevelissement (9). Saint Jean (10). Six pièces. — 4 - "

230. La Bataille de Constantin, d'après Raphaël (12), grande estampe de quatre feuilles. Rare. — 2 - "

231. L'Enfant-Jésus et le petit saint Jean (5). Nymphes de Diane (41). Jeux d'enfants (42, 43, 45, 46, 47). — 8 - 50

232. L'Amour élevant les deux bras ; il tient son arc de la main gauche et se dirige à droite. Bacchus enfant sur un tonneau, autour de lui neuf autres enfants. Un enfant avec un masque de Satyre fait fuir deux autres enfants. Ces trois pièces non décrites. A la dernière on lit l'adresse de *Kloting, excudit.* — 2 - "

2424 - 50

233. **Sourches** (Du Bouchet, marquis de). 2 *vol.* P. G. F. Diverses figures (1 à 12), 1er état avec grande marge. Figures avec préceptes du manége (13 à 31), d'après de La Belle. Une bataille, un général assis au pied d'un arbre reçoit des parlementaires, pièce inédite. En tout trente-deux pièces formant l'œuvre de de Sourches.

234. **Stella** (Jacques). *vol.* 7. P. G. F. La Madone (2). Rare. Composition de genre (4). Rare. Deux lots.

235. **Testelin** (Louis). 5 *vol.* P. G. F. Sainte Famille, seule pièce du maître, plus son portrait tiré de la vie des peintres de d'Argenville.

236. **Testelin** (Henri). 5 *vol.* P. G. F. Sentiments des plus habiles peintres sur la pratique de la peinture et de la sculpture, mis en tables de préceptes, avec plusieurs discours académiques ou conférences tenues en l'Académie royale desdits arts. *Paris, veuve Cramoisy*, 1696, in-fol., v.

Cet ouvrage contient une planche gravée par G. Audran et six par Testelin (nos 1 à 6).

237. **Tortebat** (François). 5 *vol.* P. G. F. Son portrait, par Edelinck, d'après de Piles. Le Sacrifice d'Isaac (1), le Vœu de Jephté (3), le petit Moïse (2), la dernière des actions de Samson (4), le Jugement de Salomon (5), Elie enlevé au ciel (6), la Madeleine (8), saint Louis enlevé au ciel (9), Curius Dentatus (11), l'Ange (10), la Paix (12), la Force (13). Douze pièces d'après S. Vouet.

238. Figures décorant l'*Abrégé de l'Anatomie* de Vésale (14 à 25). Douze pièces.

239. **Tortorel** et **Jacques Perrissin** (Jean). *6 vol.* P. G. F. Tableaux des guerres, massacres, troubles et autres événements advenus en France de 1559 à 1570, suite de 40 pièces (1 à 40), en ne comptant le titre et l'avis au lecteur que pour une planche, étant le même cartouche qui a servi pour les deux imprimés. (L'avis au lecteur manque). Très bel et rare exemplaire avec texte français. 1 vol. in-fol., planches pliées, riche reliure de Groslier, aux armes de Sully.

240. **Troye** (Jean-Baptiste-François de). *8 vol.* P. G. F. La Mère et l'Enfant, plus le même sujet reproduit par Jean-Charles-François. Deux pièces rares.

241. **Vallée** (Alexandre). *8 vol.* P. G. F. Judith (1), l'Annonciation (2), la Nativité (3), Sainte Famille (6), saint Augustin (9), Christ descendu de la croix (8). Six pièces.

242. — Le Siége de Ville-Franche (56), Jacques Guillemeau, chirurgien (131), le duc de Guise (132), inconnu (133).

243. — Guillemeau, chirurgien, belle épr., *Mariette, 1585*, et le cardinal de Guise.

244. **Verdier** (François). *8 vol.* P. G. F. Frontispices de la vie de Samson (1 et 4), l'Enlèvement d'Orithye (5), le Parnasse. *F. Verdier inv. et sculps.* Pièce non décrite, deux épreuves avec différences. Titre de livre, sujet allégorique d'après Verdier, par Bernard Picart. Six pièces.

245. **Vivier** (G. de ou du). *5 vol.* P. G. F. le corps mort de Jésus (1), les Évangélistes (2), la Tentation de saint Antoine (3), le Centaure Chiron (4), la Cuisinière flamande (5), le Flatteur (6), le Buveur (7). Sept pièces.

246. **Vleughels** (Nicolas). *8 vol.* P. G. F. Une femme nue couchée, d'après François. Petite pièce très rare, la seule du maître.

247. **Vulbert** (Rémy). *vol. 2.* P. G. F. Présentation au temple (1), figures symboliques, d'après Raphaël (nos 4, 6, 7, 10, 11, 13, 14, 15), Adam et Ève (17), Jugement de Salomon (18), la Providence gouvernant le monde (19). Douze pièces.

248. — Apollon et Martias (20), Diane et Endymion (21), Pan et Diane (22), Latone et ses enfants (23), 2e état ; Diane au bain (24), 1er état, non décrit avant les vers ; le Sacrifice d'Iphigénie (25), 2e état ; la Naissance d'Adonis, 1649, morceau non décrit. Sept pièces.

249. — Martyr de saint André (26), d'après le Dominiquin, 1er état. Le Miracle de saint Paul à Éphèse (2), très belle. L'Ensevelissement (28), d'après N. Poussin. Le Repos en Egypte, titre : *Humiliabitur... Rémy Vuibert, 1656*. La Vierge à genoux sur des nuages, tenant l'Enfant-Jésus et regardant la terre. Ces deux pièces non décrites. Campo Vaccino, copie de l'eau-forte de Claude Lorrain. En tout six pièces.

250. **Watteau** (Antoine). *2 vol.* P. G. F. Figures de modes dessinées et gravées à l'eau-forte par

 2805

Watteau. De ce titre, trois épreuves, deux avec l'adresse de Thomassin, l'autre avec l'adresse de Duchange. L'homme accoudé (1), avant la lettre, seulement le nom *Watteau, inv. et fecit*. Le promeneur vu de face (2), avant la lettre, avec le nom de Watteau. L'homme appuyé (3), avant toute lettre, état rare, non décrit. La femme marchant à gauche (5), avec le nom de Watteau et l'adresse de Hecquet.

Portraits par Thomas de Leu.

251. Henri IV en buste dans une niche architecturale, d'après Bunel en 1605. — 17 50

252. Henri IV en pied. On lit : *Herculi sacr. Gallico*. Belle épreuve. — 11 50

253. Louis XIII à cheval.... *Grand roy, fils d'un grand roy, grand en toute valeur*..... Dans le fond une vue de Paris. — 18 50

254. Catherine de Médicis, mère du roy. On lit : *Tous les siècles passés des royautez humaines*. Belle épreuve avec grandes marges. — 10 50

255. Marie de Médicis, reyne de France.... *Voici le vray portrait d'une royne pudique*. — 30 —

256. Marie de Médicis, reyne de France. *Pour bien heurer les jours*.... Portrait d'après Quesnel. — 6 50

257. Catherine de Bourbon, sœur du roy Henri IV, d'après Darlay. On lit : *Qui voit ce beau portrait, cette agreste apparence*. Beau et rare. — 46 —

2946-50

258. Jeanne de Coesme, princesse de Conti. On lit : *Ce portrait plein d'honneur, de vertus et de gloire....*

259. Louise Lorraine, princesse de Conti. On lit : *Nous fleurctons les ans, les moys et les journées.* Belle épreuve d'un joli portrait.

260. Henriette de Balzac, marquise de Verneuil, d'après Quesnel. Très belle épreuve d'un joli portrait.

261. Gabrielle d'Estrées, marquise de Monceau. Épreuve avant la retouche. Rare.

262. Charles de Bourbon, comte de Soissons. Belle avec toute marge.

263. Henri de Savoye, duc de Nemours.

264. Henri de Lorraine, duc de Bar et marquis du Pont. On lit : *A l'unique princesse honneur de notre France.* Belle épreuve avec grande marge.

265. Pierre de Gondy. On lit : *Voiez Parisiens la face désirable...* Très belle épreuve.

266. Henri de Lorraine, marquis du Pont. Belle épreuve.

267. François de Bourbon, prince de Conti. On lit : *Vous ne dégenerez de la grande vaillance....*

268. Charles de Gonzague de Clèves, duc de Nevers. Belle épreuve.

268 bis. Le même personnage.

269. Charles de Bourbon, cardinal et archevêque de Rouen. On lit : *Vous qui remarquerez les choses admirables.* Belle épreuve avec marge.

270. Jean d'Autriche et Alexandre Farnèse ; deux portraits en regard, d'après Rabel. Très rare.

271. Jacques Ier, roy d'Angleterre, à l'âge de 42 ans. Très beau et rare.

272. Blaise de Vigenère. Belle et rare épreuve avant la lettre, dans l'ovale.

273. Barnabé de Brisson, d'après N. Richelet. Très belle épreuve.

274. Antoine de Murat, parisien, président au parlement de Paris.

275. Nicolas-Abraham la Framboisière. Très belle épreuve.

276. Gentil Hervé. Au bas cinq vers en grec. Belle épreuve.

277. Louis Servin, conseiller au parlement.

278. — Jean Passerat.

279. — Pasquier. Très belle épreuve avant le nom.

280. — Le même portrait avec le nom.

281. Robert Garnier, poète. On lit : *Contemple un peu ce pourtrait adoucy....* Belle épreuve remontée.

281 bis. Guillaume Leblanc jeune. Très belle épreuve.

282. Claude Expilly, au bas une notice sur le personnage. Belle épreuve.

283. Alexandre Bodin, à l'âge de 33 ans, en 1596. Belle épreuve d'un joli et rare portrait.

284. Claude Faucher, antiquaire. Très belle épr.

285. Pierre Molineau, à l'âge de 40 ans.

286. Habicot. On lit : *Ce portrait montre seulement, etc.* Belle épreuve.

287. Bertrand d'Argentré à l'âge de 62 ans. Belle épreuve.

288. Jean Beaugrand. Très rare épreuve avant la lettre.

289. Don Pierre d'Arles. Belle épreuve.

290. Personnage inconnu ; il est de profil, regardant à gauche, placé dans une bordure de feuilles de laurier.

291. Pierre de Brasche. On lit : *Pour gloire, le lorier en main je ne tiens pas*. Belle épreuve. Rare.

292. Bonus de Broé, premier président, d'après Pierre de Montchal. Très belle épreuve.

293. D'Ayral, 1589. On lit : *Pour voir d'Ayral la parfaite peinture.*

294. — Jean Villeveau, épreuve avant la lettre, dans la marge du bas. *Signé Mariette, 1667.*

295. Le Tasse. Belle épreuve.

296. Caron (Antoine), peintre. On lit : *Charon ne deust recepvoir pour Voiture.* Belle épreuve, avec marge.

296 bis. Le même portrait.

297. Jean Erard de Bar-le-Duc, ingénieur du Roy de Navarre, en 1600. Belle épreuve sans noms de graveurs et sans la lettre du bas.

École Italienne, Flamande et Hollandaise.

298. **Bega** (Corneille). OEuvre de C. Bega, peintre renommé, inventé et gravé par lui-même. 35 pièces sur 24 feuillet, n. 1, de Bartsch, plus une double du n. 26 avant le fond terminé. On a ajouté une pièce inédite dans le goût de Bega,

 3557

représentant un paysan enveloppé d'un manteau et vu jusqu'aux genoux, et ayant derrière lui une femme vue à mi-corps. Pièce très rare. Ces trente-six pièces réunies en 1 vol. in-4, demi-rel.. — 27

299. **Both** (Jean). Les deux mulets (4). Belle et rare, avant le nom de *Matham exc.*

300. **Bout** (Pierre). Les patineurs (2). Très belle épreuve. — 11

301. **Bronkhorst** (Jean G.). L'Adoration des Rois, d'après C. Poelemburg. Pièce non décrite. — Ruine de Rome, d'après C. Poelemburg. Titre: *Saxa...* — 1 75

302. **Cabel** (Van der). Vol. de Bartsch., son portrait gravé d'après lui par Bouchet de Lyon. Le n. 1, titre d'une suite 1er état, avant la lettre. Paysages n. 2, 1er état. 3, 1er état, 5, 8, avant la lettre. 11, 12, 15, 16, 17, 18, 19, 23, original et copie. 26, 29, 30. Paysages, 32 à 47 (manquent 38 et 39), 1er état avant les numéros. — Paysages, n. 49, 52, 53, 54, 55 ; quarante et une pièces. Cet article sera divisé. — 9 50 ; 26 p. 6 ; portrait 3 75

303. Paysage traversé à gauche par une rivière ; à droite un grand arbre au pied duquel sont deux figures, l'une assise, l'autre debout. Pièce en hauteur sans marque. Autre paysage dans le goût de Cabel ; l'eau forte a manqué ; deux pièces non décrites. — 5 50

304. **Deyster** (Jean). L'ange consolant Agar. — 1 25

3622 75

305. **Elzeimer** (Adam). La famille du satyre. A gauche, une femme danse au son du tambour de basque, en présence de quelques satyres. Pièce rare décrite par Mariette.

306. **Everdingen** (Aldert). Bartsch, 2e vol... Un paysage de style agreste. Belle épreuve avant le nom. Rare.

307. **Geneoels** ( ). Vol. de Bartsch. Divers paysages, n. 15, 21, 22, 24, 25, 29, 30, 31, 32, 33, 34, 36, 46, 47, 48, 49, 50, 51, 53, 57, 58, 60, 61, 62, 63, 64, épreuve d'eau-forte pure : 65, 66, 67, 68, 69, 70, 71, 72 et 73. Trente-cinq pièces. Cet article pourra être divisé.

308. — Un paysage imprimé en encre rouge et deux petits paysages de forme ronde, non décrits, par Bartsch, mais décrits dans le catalogue de la vente de M. R. D. Faite à Londres, en 1837.

309. **Hoecke** (Robert Van Der). *Ulisse all' Isola di Circe*, titre de l'ouvrage du drame d'Ulysse fait pour les noces de Philippe, roi d'Espagne, et de Marie d'Autriche, en 1650. Pièce non décrite par Bartsch.

310. **Laer** (Pierre de). Le titre (1). Paysan conduisant un cheval (9); une femme assise et filant en gardant son troupeau. Trois pièces à l'eau-forte.

311. Six chiens autour d'une niche, marqué P. V. L.; belle épreuve avec l'adresse de *Clément de Jonghes, excudit.*

312. **Miele** (Jean). La veille (2). Le siége de Maestrich (4). Prise de la ville de Maestrich (5). Prise de la ville de Boon (6). Quatre pièces rares.

313. **Ostade** (Adrien Van). Gueux au dos courbé (20). La poupée demandée (16). Deux pièces à l'eau-forte.

314. **Rogman** (Roland). 4e vol. de Bartsch. Vue de Hollande, n. 3, 4, 17, 22; vues d'Italie 25, 27, 28, 29 et 30, avec l'adresse de Wolff. Neuf pièces.

— Suite de vues de Hollande par Gertrude Rogman. 1 à 14, manque le n. 1, plus une pièce par Jean Van Den Velde.

315. **Ruysdaël** (Jacques). Le petit pont (1); les deux paysans et leur chien (2).

316. **Seeman** ou **Zeeman**. Sept pièces de diverses suites de marines.

317. **Swanevelt** (Herman). Bartsch, vol. 2. Saint Jean-Baptiste (34), belle avec l'adresse de Rossi. Rare.

— Plus la copie par Goyrand.

318. — Paysages ornés de satyres (49 à 52). Belles épreuves avec marge. Quatre pièces.

319. Pan et Syrinx (70). Salmacis et Hermaphrodite (71), épreuve avec l'adresse de Rossi.

320. Mercure imposant silence à Battus (95), avec l'adresse de Mariette. Battus transformé en pierre (96), épreuve avec l'adresse de Valdor. Balaam (111) et la copie. Quatre pièces.

320 bis. Fuite en Egypte, suite de quatre estampes (97 à 100), épreuve avec excudit.

321. La Magdeleine (107); Saint Jérôme (109); deux pièces avec excudit.

322. Histoire d'Adonis (101, 103 et 104), belles épreuves avec excudit.

322 bis. Vue de Lisle Louvier (72); vue du palais d'Orléans (73); vue de Gondy (74); la nymphe de la Seine (75); vue de Rome (76). Cinq pièces belles épreuves.

323. — Différents paysages ornés de fabriques (77, 79, 81, 83, 84, 85, 86, 87, 88, 89, 90, 91, 94, 113, 114), en tout 17 pièces avec l'excudit.

324. Le Chevrier (116); la pièce la plus rare de l'œuvre.

325. Paysages 37, 46, 47, avec excudit et neuf copies. Douze pièces.

326. **Waterloo** (Antoine). Bartsch, 2e vol. Les Moutons (17). Paysages n. 20, 28, 34, 36, 37, 58, 84. Dix pièces anciennes épreuves.

327. Paysages en hauteur, 121, 122, 123, 124, 128, 131, 136, 137. Huit pièces anciennes épreuves.

328. Paysages en largeur, 109, 113, 114, 117, 118. Cinq pièces.

329. Paysages n. 95, 96, 100, 101. Belles avec marges.

330. **Wiérix** (Jérôme). Michel de l'Hôpital. Portrait dans une riche bordure. On lit : *Avec priu. du Roy, par le Blond.*

 3901.50

331. **Maître au dé.** La Psyché, les n. 8, 17, 24, 27, 28, 30, 31 et 32 de la suite; belles épreuves avant l'adresse de Salamanque. 22

Livres à figures et sur les Beaux-Arts.

332. Histoire de l'art par les monuments, depuis sa décadence au IVe siècle jusqu'à son renouvellement au XVIe siècle, par Seroux d'Agincourt, ouvrage enrichi de 325 planches. *6 vol.* in-folio, demi-reliure. 177

Tome Ier. Texte, tableau historique de la Grèce et de l'Italie, pages 1 à 107; texte de l'architecture, p. 1 à 140. *Tome II*, texte pour la sculpture, pag. 1 à 96; pour la peinture, pag. 1 à 201. *Tome III*, texte, tables des planches, architecture, p. 1 à 103; sculpture, p. 1 à 48; peinture, p. 1 à 178. *Tome IV*, planches, architecture, 73; sculpture, 1 à 48. *Tome V*, planches, peinture, p. 1 à 113. *Tome VI*, planches, peinture, p. 114 et 204, et la table des matières, p. 143 à 219.

333. Holzschnitte Berühmter meister..... Von Rudolphe Weigel, 1851. 4 livraisons in-4. 19 pl. sur papier de Chine. 26

Cet ouvrage contient 20 pièces fac simile de planches en bois rares, de maîtres allemands, italiens et flamands.

334. Schilder-Thooneel Von David Teniers... Tot Brussel, 1660. (La galerie Léopold.) *1 vol.* in-fol.. Riche reliure en veau, aux armes, tr. dorées. Superbe exemplaire dont les épreuves sont avant les numéros. 166

Cet ouvrage est composé de 247 estampes gravées par Vorsterman, Ossembeck, Hollar. Van Hoy, Van Steen.

D'après les tableaux pour la plupart de l'Ecole vénitienne, ces tableaux sont aujourd'hui dans la galerie impériale du Belvedère à Vienne.

4297.50

335. Bibliothèque historique de la France, contenant le catalogue des ouvrages imprimés et manuscrits qui traitent de l'histoire de ce royaume. *Paris*, 1768. *5 vol.*. demi-reliure. Il se trouve dans cet ouvrage la liste des portraits de personnages français gravés.

336. Discours au Roi sur le rétablissement de la bibliothèque de Fontainebleau, par Abel de Sainte-Marthe, 1668. In-4 vél.

337. Effigies regvm Francorum, Norimbergæ, 1576. Portrait des rois de France, par V. Solis et Jost Amman. In-4. Fig. vel.

338. Les Rois et Ducs d'Austrasie, de N. Clément, traduits en françoys par François Guibaudet, Dijonnais, à Covlongne, 1591. In-4 vél.

339. Histoire des guerres d'Italie, par Guichardin. *Londres*, 1738. *2 vol.* in-4. V. f. fil.

340. Mémoires de M. le duc de Nevers, prince de Mantoue. *Paris*, Thomas Jolly, 1665, *2 vol.* in-fol. v. porph. en tête. Un portrait du duc de Nivernais, par *G. Vallet*.

Cet ouvrage fournit quelques documents sur l'architecte Androuet Ducerceau.

341. Antiquités de la ville de Paris, par Henri Sauval. *Paris*, Moette, 1724, *3 vol.* in-fol. v. r.

342. Le Théâtre des antiquités de Paris, par Jacques Dubreuil. *Paris*, Pierre Chevalier, 1612. In-4, v. f. fil.

344. Reigles des cinq ordres d'architecture de Vignole, revues et augmentées par Le Muet. *Paris*, Melchior Tauernier, 1632. In-12 fig. vél. Frontispice gravé par Michel Lasne.

345. Cento favole bellissime dei piv illustri antichi y moderni autori greci et latini. *Venetia*, 1607. In-8. Fig. en bois. — 10 —

346. Traité des manières de graver en taille douce, par Bosse. *Paris*, A. Bosse, 1645. In-8 fig. vél. — 13 — 50

347. Requestes, procès-verbaux et advertissements faits à la diligence de M. le recteur, et par l'ordre de l'Université, pour faire condamner une doctrine pernicieuse et préjudiciable à la société humaine, et particulièrement à la vie des Rois. *Paris*, Jacquin, 1644. in-8 vél. — 2 — 25

348. Traité des interrogations et des erreurs des astrologues. Manuscrit, in-8, vél. — 1

349. Les emblèmes de J. J. Boissard, petit in-8 obl. demi-rel. Les planches gravées par Alexandre Vallée. (Incomplet du titre.) — 5

350. Emblêmes d'Alciat, à Lyon, chez G. Rouille, 1549. In-8 dem.-rel. Fig. en bois du petit Bernard. — 24

351. La Géomanie abrégée de Jean de la Taille de Bondaroy, gentilhomme de Beauce, pour savoir les choses passées, présentes et futures. *Paris*, Lucas Breyer, 1574, in-4. En tête du vol., le portrait de l'auteur, gravé en bois. — 7

352. Nouvelles artifices de feu et divers instruments de guerre avec les moyens de s'en prévaloir... par Joseph Boillot Langrois, à Chaumont-en-Bassigny, 1598. In-8. Fig. gravées par Boillot. (165 à 194 du r. g. r.). — 26

353. La galerie des femmes fortes, par Pierre Lemoine, de la compagnie de Jésus. *Paris*, 1647. — 10 — 50

4472 75

4572

4572 — " In-fol. demi-rel.. Fig. gravées par Rousselet, d'après Vignon, et le frontispice par K. Audran.

58 — " — 354. Histoire de la Bible, par P. Mortier. *Amsterdam*, 1700. 2 *vol.* in-fol. Fig. avant les clous.
Bel exemplaire, riche reliure en veau dentelle et armoiries.

3 – 50 – 355. Toutes les œuvres de Virgile traduites en vers français. *Paris*, J. Langlois, 1673, et quelques observations sur la lettre de M. Demarest à M. l'abbé de la chambre, concernant un discours apologétique pour Virgile. In-4 v.

3 – 75 — 356. Prognosticatio eximi doctoris Theophrasti Paracelsi, 1536. Fig. emblématiques dans le goût de Flamen. In-4 vél.

3 – 25 — 357. Géométrie et horlogiographie, par Jean Bulant, architecte. *Paris*, Cavallet, 1608. In- vél..

9 – 50 – 358. Discours d'Ambroise Paré, premier chirurgien du Roi, à savoir de la mumie, du venin de la Licorne, et de la peste. *Paris*, G. Buon, 1582. In-8 vélin. En tête, le portrait d'Ambroise Paré par Etienne de Laulne. Rare.

359. Plusieurs volumes de papier blanc, de divers formats.

360. Les articles omis.

14 – 50 — 337 – revendu comme incomplet.

4664 50
– 32 art. 337 [illegible]
4632 50
3800 – [illegible]
8,432 – 50

OEUVRE DE CALLOT. —— 3800 — ..

à M. le Baron de Salis.

Cet œuvre des plus remarquables, tant pour la beauté et la conservation des épreuves que par le nombre des morceaux rares qui le composent, est de deux mille cent-trois pièces, dont plusieurs sont doubles avec différences, et quatorze dessins.

Cet œuvre sera présenté sur table dans son intégrité, et si la mise à prix n'est pas couverte, il sera vendu en détail, dans une vacation supplémentaire, dans l'ordre suivant :

Portrait de Callot par Michel Lasne; et la copie en sens inverse, *Montcornet excud.*

Callot par *Michel Lasne delin.*, *Aloemans sculpsit*, *J. Meyssens excudit.*

Callot d'après Van Dyck, par Vorsterman.

Callot par Jacque Lubin.

Callot, son buste et son épitaphe, gravés par A. Bosse.

Deux épreuves, la première avec l'adresse de *Silvestre excud.*, la seconde avec l'adresse de Mme Vincent.

SUJETS DE DÉVOTIONS.

Passage de la mer rouge.

Très-belle épreuve, avant le flot tronqué et avec l'adresse d'*Israel excud*. 1629.

La même estampe.

Deuxième épreuve avec le fond tronqué et l'adresse d'Israël. 1629.

La Vierge, l'Enfant Jésus, saint Jean et son mouton, gravée en contre-partie de l'estampe de Farinati, à gauche on lit : *J. Callot f.*

— La même composition, par Farinati.

La Vierge allaitant l'Enfant Jésus, sujet dans un ovale d'après une estampe de Sadeler. Titre : *Mane surgamus*... Pièce rare.

Sainte Famille, gravée en 1613, d'après André del Sarte.

Epreuve sans le nom de Callot, et avant l'adresse de Mariette.

***Vita et Historia*... La vie de la Vierge. 14 pièces avant les numéros, plus une seconde planche de l'Annonciation avec Dieu le Père à la place du Saint-Esprit, qui se voit dans la première planche.**

Nouveau Testament faict par J. Callot qui n'a sceu finir le reste prevenu de la mort l'année 1635.

Onze pièces, compris le titre gravé par A. Bosse, épreuves avant la lettre et les numéros. Deux sont doubles : Jésus prêchant les apôtres avec la lettre, et Jésus au milieu des docteurs. Deux épreuves, une avant les contre-tailles au-dessus du dais du trône, et avant la lettre, l'autre avant la lettre.

Saint Jean dans le désert. *Callot fec.*

La vie de l'Enfant prodigue. Suite de onze pièces.

Premières et belles épreuves, avant la lettre et avant les n^{os}.

— La même suite.

Deuxièmes épreuves avec la lettre, mais avant les n^{os}.

— La même suite.

Epreuves avant les n^{os}, imprimées en rouge.

La Passion. Suite de douze pièces, à claire-voie.

Premières épreuves avant les numéros, et de la flagellation n° 6, deux épreuves à la première qui est très-rare, on voit un bourreau sortant d'une porte à gauche, dans la deuxième épreuve cette figure est supprimée.

Christ en croix. *Sufficit mori. Ja Callot sculp.*

Variatvm Passionis Christi Toni vita beatæ Mariæ Virginis. Vingt petites pièces rondes et ovales, sur trois cuivres.

Premières épreuves, avant le nom de Callot et l'adresse de Silvestre.

— La même suite, quatorze pièces.

L'Annonciation. Petite pièce ovale, sans nom.

Jésus portant sa croix. Pièce ovale, sans marque.

Trois épreuves, une en contre-partie.

Assomption de la Vierge avec une tête de Chérubin Pièce sans nom. *Col. Mariette 1667.* Deux épreuves.

Un prêtre portant le saint Sacrement. Morceau dit le *petit porte-dieu.*

Deux épreuves avant et avec le clou.

Les banquets. Suite de quatre pièces.

Belles épreuves avant l'adresse de Silvestre et le C. P. R. avec grandes marges.

Saint-Pierre debout, tenant les clefs et un livre. 3 épreuves.

Première, avant le nom de Callot, les figures du fond peu travaillées. Deuxième, avec le nom de Callot et plus travaillée. Troisième, les travaux du ciel disparus.

Martirum Apostolorum... Le martyr des apôtres.

16 pièces avant les numéros et l'adresse de Silvestre, et le le titre double avant le C. P. R.

Saint-Paul, titre : *Qui Lupus... Lupos. Jac. Callot fecit.*

Deux épreuves, la première avant. *P. Mariette excud.*

Saint-Jean dans l'île de Patmos. *Jacobus Callot in et fecit.*

Le Jubilé, grande pièce dédiée à Charles IV de Lorraine.

Très-belle épreuve avant l'adresse d'*Israël Silvestre excud.*

Les mesureurs de grain. *J. Callot inv. et sculpsit.*

La possédée, d'après André Boscholi. *P. F. in J. Callot sculp.* épreuve avec l'écusson du haut blanc, et la lettre A au-dessus.

Scelta d'alcuni miracoli e grazie della Santissima Nunziata in Firenze. Matheus Rosseli inue. Lizenza di superiori 1619. 40 pl., des numéros et texte derrière, et le titre.

Massacre des innocents. Première planche, on voit un enfant couché entre les jambes d'un soldat.

Deux épreuves, une avant le nom de Callot.

— Le même sujet. Deuxième planche, il n'y a pas d'enfant entre les jambes du soldat.

Deux épreuves, une avant le nom de Callot.

Les pénitents et pénitentes. Six pièces et le titre.

Belles épreuves avec le nom de Callot et *Israël excud.* et C. P. R.

Saint-Laurent sur le gril. *Jac. Callot fec.*

Saint-Laurent, *Callot inv. et fec.* Planche ovale.

Saint-Sébastien. *Callot inv. et fec.*

Avant *Israël Silvestre excud.* C. P. R.; plus une copie *Joan Vallet excud.*

Le Bénédicité.

Avant l'adresse de *Silvestre.*

Jésus présenté au peuple.

Epreuve avant l'adresse.

Jésus devant Pilate. *Non lauat lauare scelus.* Belle marge.

Epreuve sans aucune adresse.

Le lavement des pieds. Titre : *Humilis... mundificat.*

Epreuve avant la lettre, seulement à gauche *Jac. Callot fecit.*

— La même avec la lettre avant l'adresse de Silvestre. Grande marge.

La cène Christi... quis.

Epreuve avant l'adresse de Silvestre et avant le *cum privilegio Regis.* Belle marge.

Jésus couronné d'épines.

Épreuve avant la lettre.

Jésus présenté au peuple, avant l'adrese.

Jésus portant sa croix, avant l'adresse.

— La même; deuxième état, avec l'adresse.

Descente de croix. *Heu !... Imo donat.*

Cette pièce et les sept qui précèdent dites la suite de la grande Passion.

Ecce homo, d'après Stradan. Pièce gravée en 1613 avant les armes et avant l'adresse de *Mariette.*

Mise au tombeau. *J. Callot f. Ventura Salembeni in.*

— Très-belle épreuve.

Titre : *Gloriosisima virginus del para elogium.... Callot fecit Israël ex. cum pr. Reg.* Deux épreuves, une avant la lettre.

— Judith, 2 épreuves, une avant la lettre. — Adoration des rois, 2 épreuves, une avant l. l. — Sainte Famille, Sainte Anne et Saint Jean, épreuve avant l. l.

Christ en croix, planche au trait, 2 épreuves, une où les rayons de l'auréole du Christ ne sont pas visibles. — Ascension de N.-Seigneur, 2 épreuves, une avant l. l. — Assomption de la Sainte-Vierge, 2 épreuves une avant l. l. — Conversion de saint Paul, épreuve avant l. l. — Saint Livarius, 2 épreuves, une avant le nom de Callot et l'adresse de Silvestre. 16 pièces.

Salvatoris Beatæ Mariæ Virginis. Jésus et les apôtres. 16 pièces, compris le titre.

Le titre avant Israël Silvestre, et les planches avant les nos.

— La même suite avant les nos sept avant l'adresse de Silvestre ; très rare.

Les sept péchés capitaux, à la première le nom de Callot.

Premières épreuves avant les numéros, l'adresse de Silvestre le C. P. R. Un double de *superbia* avant le nom de Callot.

Jésus tenant la croix, à ses pieds le démon. On lit le nom de Callot.

L'arbre de saint François, pièce sans nom.

Saint François dans une tulipe.

Saint François. *Vera SS. Francisci effigies.*

Epreuve avant le nom de *J. Callot f.* au bas à droite dans la marge.

Les vingt-trois martyrs du Japon.

L'adresse de Silvestre. Très-belle.

Les tableaux de Rome, suite de trente pièces. Au titre on lit : *S. Maria ad Columna in Bas. S. Petri Romæ.*

Épreuve avant le nom de Callot. La 30e, l'Annonciation, d'après *Mathæus Rosseli delineavit*, est très rare.

Saint-Mansuet.

Trois épreuves, une avant le nom et l'année.

Saint-Nicolas.

Deux épreuves. Première, avant le nom de Callot et avant le baptême, dans le fond; deuxième, avec le nom et le baptême.

Emblèmes de la Vierge. Titre : *Vita Beatæ Mariæ vir Matris Dei emblematib. delineata. Callot fecit.*

27 pièces compris le titre. Épreuves avant *Ciotres excud.* et avant les numéros.

— La même suite avec l'adresse et les numéros.

La lumière du cloître. Titre : *Lux Claustri... J. Callot fecit.* 27 pièces compris le titre, au no 2 seulement le nom de *Callot fecit.*

La tentation de saint Antoine.

Première et très-rare épreuve avec le mot Caecis pour *Cæcis* et Vot pour *Tot*. Premier état, très-rare.

— La même.

Deuxième avant les rosettes, mais une des fautes corrigée : le mot *Vot* écrit *Tot* ; rare.

— La même estampe, les fautes corrigées. Belle, avant le trait de burin échappé dans le ciel.

La grande tentation de saint Antoine. *Antoni Tinghi donat dicat* 1627. *Jacomo Callot inuent*, grande pièce de deux feuilles. Très rare.

Tentation de saint Antoine, composition dans le goût de Callot.

Le purgatoire, grande pièce de deux feuilles, dédiée à Cosme II de Médicis, en 1612, d'après B. Poccetti. *J. Callot fec.* Pièce rare.

Grande Thèse, dédiée à François de Lorraine qui est représenté sur un cheval ailé. Titre : *Francisco à Lotharingia Parentiope.*

Deux épreuves, une avant le coin droit du bas tronqué, toutes deux sans le texte de la Thèse.

Statvti dell' ordine de' Cavallieri di santo Stefano, etc. *Jac. Callot in aqua forte inv. Firenze con lic. di Superiori.*

Titre : La sainte Apocatastase, à Paris chez Robert Fouet.

Les astronomes. Titre : Mvndvm tradidit, etc. *Callot fecit.*

Coutume générale du duché de Lorraine. Titre de livre.

Titre : Christ mort sur un autel, de chaque côté un pénitent.

Titre : Règle de la congrégation Notre-Dame, érigée au collége des RR. PP. Jésuites de Nancy, soubz le filtre de son immaculée conception.

Titre : Miracle et grâce de Notre-Dame de bons secours lez Nancy, 1620.

Funérailles de l'empereur Mathias.

Avant l'adresse de Silvestre.

PORTRAITS, PIÈCES HISTORIQUES ET SUJETS DE FANTAISIE.

Jean Dominique Peri, dit *le Jardinier*, sans le nom de Callot.

Delorme, médecin de Louis XIII. Belle et rare.

Donatus, sénateur Florentin. *J. Callot in aqua forte.*

Titre pour l'ouvrage de D. Peri. *Fiesole distreta de Geo domenico Peri.*

Epreuve de la collection *P. Mariette*, 1667.

Côme II, grand duc de Toscane. Sans le nom de Callot.

François de Médicis. Deux épreuves.

Claude Dervet et son fils.

Deux épreuves. Première, avant l'année 1636 et avant les contre-tailles sur la maison, très-rare ; deuxième avec l'année et les contre-tailles.

Louis XIII à cheval, gravé par Michel Lasne, le fond par Callot.

Superbe épreuve avec grande marge.

Combat de Veillane, en Piémont.

Louis de Lorraine à cheval.

Louis de Lorraine. Le dessin au crayon et au bistre, il est inachevé de la tête du personnage.

Généalogie de la maison de Lorraine. Grande pièce, en trois feuilles, d'une excessive rareté.

SUJETS HISTORIQUES.

Suite de la vie et actions des Médicis. 15 pièces, plus la copie du couronnement.

Trois épreuves d'eau-forte de celle où l'on compte de l'argent à des soldats : dans une il y a deux soldats, dans l'autre trois, et une épreuve avant le fond de celle où les soldats entrent dans une forteresse.

Essequie della sacra cattolica e real maestà di Margherita d'Austria, regina di Spagna celebrate dal serenissimo don Cosimo II, gran duca di Toscana III, descritte da Giovanni Altoviti in Firenze, nella stamperia di Bartolommeo Sermartelli e fratelli, 1612, pet. in-fol. vél. 6 feuilles de texte pour l'Avertissement, et 51 pages où sont intercalées les 29 figures dont 8 sont marquées *Callot f.*, les autres sont de *Tempesta et Schiaminosi*. Livre d'une excessive rareté.

Chute des géants, pièce sans le nom de Callot, marquée des lettres M. G. F.

La Pandore. *Jac. Callot inv. et fec.*

Deux épreuves, la première avec Jupiter tenant la Foudre. Plus deux copies.

Exercices militaires, faite par noble J. Callot, 1635. 13 pièces, plus le titre double avant et avec la lettre.

Deux petites batailles.

Les misères de la guerre, suite de 18 pièces, gravée en 1635.

Très-belles et rares épreuves avant les vers dans la marge du bas, et avant les numéros, exception faite de la dernière de la suite qui est avec la lettre; seulement à chacune de ces pièces le nom *Israël exc. C. P. R.*

— La même suite, belle, avec la lettre et les numéros, à la dernière le nom de Callot.

Les petites misères, suite de 7 pièces, gravées en 1636, belles épreuves.

— La même suite, imprimée en rouge.

Le bataillon. *Callot inuenit et fecit. Israel excud. C. P. R.*

Les supplices.

Première épreuve. La petite vierge au coin d'une maison, très-visible, et le tracé des lettres très apparent.

Le siége de la Rochelle. Grande planche de 6 feuilles, plus les bandes, dont 4 de texte avant les numéros, et 6 sujets et portraits dont : les Rochelois demandant pardon au roi, 2 épreuves, une réduite. — L'entrée du roy à la Rochelle, 2 épreuves, une réduite. — M. le maréchal de Schomberg présente les Anglais captifs à Sa Majesté. — Profil de la Rocheile et de la digue, et deux portraits de Louis XIII et Gaston.

Le siége de la citadelle de St-Martin, dans l'île de Ré, grande planche de 6 feuilles, plus les bandes, dont

4 de texte, les portraits de Louis XIII et Gaston. — Secours envoyé à la citadelle. — Descente de M. de Toyras dans l'île de Ré. 2 épreuves, une réduite. — L'assaut général des Anglais à la citadelle. 2 épreuv., une réduite. — Défaite des Anglais, 2 épreuves, une réduite.

Siége de Breda. Grande pièce de 6 feuilles.

Première épreuve, avant la banderolle ou lit : *Jac. Callot in et fecit et Israël Silvestre ex.* Parisis; *C. P. R.*

Suite de 6 pièces. Marines et galères, une avec le nom de Callot.

Descente des troupes dans l'île de Ré. *Callot fecit. Israel excud.*

Deux épreuves, à la seconde la planche est équarrie et le cartouche supprimé.

Généalogie *Del Turco*. Dans le fond la ville de Florence. Pièce très-rare.

FÊTES ET JEUX.

Les entrées ou combat à la barrière, ou suite de 10 pièces, y compris le titre, à chacune de ces pièces le nom de *Jac. Callot inv. et fec.*

Premières épreuves, avant l'adresse de Silvestre au titre.

Entrée de monsieur Henri de Lorraine, marquis soubs le nom de Pirandre. Texte en trois colonnes, la Fidélité, la Constance, la Persévérance, le chœur de musique, Cupidon traînant la Salamandre, responce de Pirandre à Cartel. A Nancy par Anthoine Charlot, 1627.

Entrée de monsieur de Couuonge et de monsieur de Chalabre. Le texte en deux colonnes. *Minos* et *Rhadamente*, *Minos à madame la princesse*. Au bas ou lit : à Nancy, en l'hostel de ville, par Jacob Garnich, etc., 1627.

Entrée de monseigneur Henri de Lorraine, marquis de Mouy, grande pièce, sans nom.

Entrée de monsieur de Connonge et de M. de Chalabre. Cette planche est de sens contraire à celle de la suite précédente. Le groupe principal est à droite.

Entrée de monsieur de Counonge et de monsieur de Chalabre. 2 épreuves.

Entrée de Son Altesse, représentant le soleil. *Jac. Callot inv. et fec.* Nancy, en l'hôtel de ville, par Jacob Garnich, 1627.

Ces cinq pièces sont, avec le texte, de la plus grande rareté.

Entrée de monseigneur Henri de Lorraine, marquis de Moy, soubs le nom de Pyrandre. Grande feuille avec 6 sujets, premier état, rare.

— La même planche. Deuxième état, coupée en six sujets.

Entrée de M. le comte de Brionne, grand chambellan de Son Altesse représentant Jason, *Callot fec.* Texte en deux colonnes. *Jason*, la Renommée.

Entrée de monseigneur le prince de Paltzbourg tenant au combat. J. Callot. Texte en 3 colonnes. *Cartel, chœur de musique* et *Cupidon.*

Le bras armé d'un sabre, il est dirigé du côté droit.

Le Parnasse, le char du Soleil, char du Temps, le char d'Amour. *Jules Parigi inu. J. Callot*, 1616.

Fête au duc de Toscane, suite de quatre pièces. Première, Mostra della Guerra d'Amore, 1615. — Deuxième, Uno de gl'abbatimenti della Guerra d'Amore. — Troisième, Theatro fatto in Firenza.

Julius Parigi inv. *Callot delineavit fec.* Quatrième, les chars. *J. Callot f.* Ces quatre pièces avant les adresses de Rossi.

Le grand rocher, sans nom ni lettres, on lit seulement dans une banderolle : *Nec imbellam colombam.*

Feu d'artifice. Titre : Carro d'Amore.

Deux épreuves, la première dans son entier, la deuxième pl. est en deux. Le texte en trois lignes.

Le Cassandre, le Capitan et le Scapin. Trois pièces, dites les Pantalons.

Épreuves avant le nom de Callot (moins le Cassandre).

Battaglia del re Tessi. Jacomo Callot fec... *pièce dite l'Éventail.*

Copie de l'Éventail. *Jacomo Callot inv.*

Le parterre de Nancey.

Superbe épreuve avec barbe du cuivre, et avec marge.

La grande chasse.

Deux épreuves, première avant le nom de Silvestre, deuxième aussi avant le nom de Silvestre. Le fond enlevé, le deuxième oiseau du ciel disparu et la chasse moins visible.

La Foire de Florence, aux coins du bas des écussons armoiriés. *In Firenze.*

— La même composition regravée. *Excud. Nancey.*

La carrière de Nancy.

Première épreuve avant l'adresse de Silvestre. — La copie par Savry.

Le jeu de boulle, très-belle et rare épreuve avant le nom de Callot, avec marge. Très-rare.

La même, avec le nom de Callot.

Il solimano del Tragedia. Suite de 6 pièces, du titre deux épreuves, une avant les mots : *con due lettere discorsive al St-Antonio Bruni.*

Les intermèdes représentés à Florence. Primo intermedio. Second intermedio. Terzo intermedio. A ces trois pièces on lit : *Julius Parigi inv. J. Callot delineavit.*

Le Brelan. *J. Callot f.* Nancey.

Trois épreuves, à la première deux traits de burin sur les deux premières lettres du mot *trahit*, ces deux traits effacés dans la seconde. La troisième épreuve avec l'adresse de *P. Mariette*, plus une copie en contre-partie.

Les Bohémiens. Suite de quatre pièces.

Deux pièces de la même suite : *Les pauvres gueux... ne voilà pas...* Avant le nom de Callot.

CAPRICES ET SUJETS FAMILIERS.

Les fantaisies de noble J. Callot, dédiées à M. de Boisfremont. 13 pièces.

— La même suite imprimée en rouge.

Un cavalier, un pistolet au poing, vient délivrer un personnage arrêté par trois soldats.

Deux femmes sur une feuille, avec le nom de *J. Callot, inv. et fec.* Cette petite pièce est très rare.

Deux pèlerins, se dirigeant à droite dans un paysage. Pièce douteuse.

Quatre figures de femmes, on lit : *J. Callot inv. et fec.* Six autres avec *Israel f. et excud.*

Damoiselle Catherine Puttinger, épouse de Jacques Callot, et sa fille.

La noblesse françoise, suite de douze pièces, à huit le nom de Callot. Belles, avant les numéros.

Les Gueux, au premier numéro on lit : Capitano de Baroni. *Jacomo Callot inv. et f.* Suite de 25 pièces.

Premières épreuves avant les numéros et avant l'adresse de Silvestre.

Dessins à la plume sur papier aux armes de Lorraine, ce sont les numéros 4, 5, 6, 8, 12, 13, 15, 17, 18, 21, 22 et 23 de la suite des Gueux.

Varie figure di Jacopo Callot fecit. Suite de 17 pièces à deux figures sur chaque.

Du titre trois épreuves, dont une avec le mot *fecit*, et cinq pièces avant les fonds.

— La même suite. Il y a plusieurs des pièces de cette suite avec les numéros 6, 8, 9, 12. Deux Turcs vus de face avec turban et aigrette, 2 épreuves, une avec le nº 15, plus la copie. (Manque une pièce à cette suite.)

Deux fileuses, *J. Callot inv. et f.* Épr. avant *Israel excud.*

Les *Balli di Stessania di Jacomo Callot*. Suite de 24 pièces dites les Curucucus. Belles épr. avant *Israel exc. C. P. R.* au titre et avant les numéros.

— La même suite avec l'adresse et les numéros.

Varie figure Gobbi di Jacopo Callot, fatto in Firenza, l'anno 1616. *J. Silvestre ex. cum priuil. Regis. excudit. Nancey.* 20 pièces.

— La même suite.

Rares épreuves avant les numéros et l'adresse de Silvestre. En plus, un bravi dirigé vers la droite, il va tirer le sabre, pièce rarissime.

Caprici di varie figure de *J. Callot... in Firenze.*

50 pièces, y compris le titre et la dédicace. Suite, très-rare, belles épreuves. (Manque une pièce, les deux Pantalons, dont celui à droite porte une épée en sautoir.)

— Répétition de la même suite, *ex. Nancey*.

Dans cette suite les deux hommes en chapeau et en manteau, courant l'un à la suite de l'autre, se dirigent à droite, tandis que dans la suite de Florence ils se dirigent à gauche. Dans la planche représentant deux femmes, une vieille tenant un bâton, et une jeune coiffée d'un chapeau rond avec une plume, au lieu d'une aigrette qui se voit dans celle de Florence.

Une vue de la place de Sienne et du palais ducal.

Deux Pantalons. *J. Callot fecit.*

PAYSAGES.

Diverse vedute designate in Fiorenza per *Jacopo Callot inv. et fec.* Israel ex cum privilegio Regis. Suite de 12 pièces. Le titre dans une bordure dans le haut de laquelle est un écusson blanc.

Paysages. 4 pièces.

Premières épreuves, avant le nom de Callot au premier morceau.

Vues de Paris et de la tour de Nesle.

Deux pièces, belles épreuves, plus deux copies par *Jean Valet excudit.*

Vue du pont Neuf à Paris.

Cinq épreuves : première, avant la vue du pont Neuf dans le fond. Deuxième, avec cette vue, mais avant l'adresse de Silvestre. Troisième, avec l'adresse. Quatrième, avec l'adresse de Fagaut. Cinquième, avec l'adresse de Mme Vincent.

Huit paysages, à chaque on lit : *Israel excud.*

La petite treille. *Callot inv. et fec. C. P. R.* On lit dans la marge : *Sa dernière planche gravée par défunt Callot à laquelle l'eau-forte a été donnée après sa mort.*

La ferme de la Ve de Sarepta, pièce sans lettre ni nom, plus une copie en contre-partie.

SUJETS DE SAINTS, DE SAINTES, MONUMENTS ET MONNAIES.

Les images de tous les saints et saintes de l'année, suivant le martyrologe romain, faictes par Jacques Callot et mises en lumière par Israel Henriet. Paris, chez Israel Henriet, avec pr. du Roy, 1636. 480 pièces et le titre.

Premier état, avant la lettre, 1 vol. in-4° v.

Les fêtes mobiles. 12 pièces, le titre gravé par A. Bosse. Il est très-rare.

Dans cette suite, huit sont avec la lettre.

— La même suite, soixante-neuf sont avec la lettre.

Deux épreuves du titre, une avec le cartouche coupé.

Les images de tous les saints. Titre seul. 2 épreuves, une est avant la lettre.

Trattato delle Piante et immaginy de' sacri edifizi di terra santa, in Firenza 1620. 47 pl. sur 34 feuilles et le titre. (Le n° 42 ne se trouve pas.)

Les médailles de Lorraine. Suite de 10 pièces avec les numéros et l'adresse d'*Israel Silvestre*.

DIVERSES PIÈCES DOUTEUSES, ATTRIBUÉES A CALLOT OU D'APRÈS SES DESSINS.

Inter cornutos... Magna Gero.., C. D. ex., dit l'Homme à l'escargot.

Soldat traînant un canon.

Deux épreuves, une en rouge.

Prise et incendie d'une ville.

Deux épreuves, une où le fond n'est pas gravé.

Une chèvre sur un rocher. Une invocation. Femme voilée. Trois pièces ovales sans nom.

Christ en croix, planches au trait ; l'Ascension ; Assomption de la Vierge.

Un hallebardier se dirigeant vers la gauche, dans le fond la vue de Florence.

Ecusson d'un pape.

Armoirie; dans l'écusson, six boules. Dans la légende du bas on lit : *Orbibusys olim totes*, etc.

Marine, à gauche un homme un bâton à la main, le soleil se voit à droite, au-dessus d'une maison.

Livre des paysages de Callot, propre à la noblesse et aux ingénieurs, pour apprendre à dessiner à la plume avec liberté et en peu de temps. Paris, *I. Mariette*. 18 pièces, plusieurs avec les mots *Israel f.*

Paysages édités par Noblesse et gravés d'après les dessins de Callot. On lit : *Callot inv.* Suite de 44 pièces

NOTA. L'ordre dans lequel nous venons de décrire cet œuvre de Callot est celui qui avait été adopté par Regnault-Delalande, dans le catalogue de la vente de la collection Silvestre, en 1817. Nous regrettons beaucoup que le consciencieux catalogue de M. Meaume de Nancy n'ait pas été terminé, pour nous en servir. Nous dirons seulement que l'œuvre que nous possédons a servi à cet amateur, et, dans sa préface, il dit, en parlant de notre collection : « ... *Elle est, quant aux choix des épreuves, bien supérieure à celle du cabinet des estampes de la Bibliothèque impériale....* »

Pour faire connaître l'importance que de tout temps on a attachée aux estampes de Callot et l'augmentation de leur valeur de nos jours, nous rapporterons ici les prix de quelques-unes de ces estampes dans les ventes publiques : *Vente Debois, 1846*, la Tentation de St-Antoine, 190 fr. *Vente Van den Zan, 1855*, la suite des Misères de la Guerre avant la lettre, 401 fr.: les Supplices, 100 fr.; le Jeu de Boule avant la lettre, 136 fr.; Passage de la mer Rouge, 36 fr.; Parterre de Nancy, 49 fr.; Carrière de Nancy, 29 fr.; les Bohémiens, 49 fr.; Nouveau Testament, 25 fr.; la Petite Passion, 30 fr.; Portrait de Dervet, 35 fr. *Vente de M. L., en 1855*, Portrait de Louis de Lorraine, 47 fr.; Dervet, 56 fr.; la Foire de Florence, 48 fr.

Maulde et Renou, imprimeurs de la Compagnie des Commissaires-Priseurs, rue de Rivoli, 144. 4387

www.ingramcontent.com/pod-product-compliance
Lightning Source LLC
LaVergne TN
LVHW021717080426
835510LV00010B/1021